U0858127

江西文化符号

江　西　文　化　符　号　丛　书

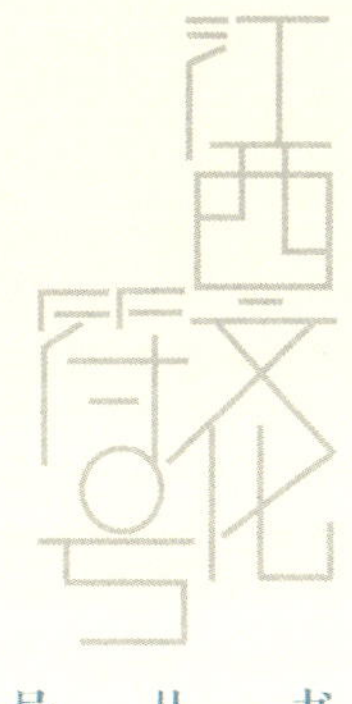

江　西　文　化　符　号　丛　书

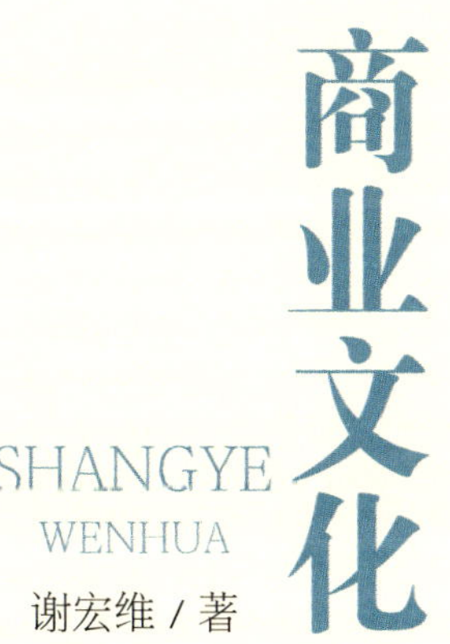

商业文化

SHANGYE WENHUA

谢宏维 / 著

江西人民出版社
江西美术出版社

江西文化符号

出版前言

江西“物华天宝，人杰地灵”“雄州雾列，俊采星驰”，是人文渊薮之地，文章节义之邦。

在历史的眷顾中，文明与智慧在这片古老而富饶的土地上激荡、交融、沉淀、升华，孕育了兼容并蓄、海纳百川、多元特质的江西文化，涌现出辉映史册的杰出人物，积淀了弥足珍贵的人文资源。在整个中华民族的文明史上，江西文化浓墨重彩、影响深远。宋明时期，全盛的江西文化更是成为中华民族文化的结晶和代表。新民主主义时期，江西是全国苏维埃运动的中心区域，成为中国革命胜利前进的伟大基地，红色文化璀璨辉煌。这些具有独特魅力的江西文化散发出馥郁的芬芳，蕴含着温润的力量，氤氲在历史的光阴中，汇聚在时代的大潮中，滋润着广袤的赣鄱大地，滋养着广大的江西儿女。

“文化是一个国家、一个民族的灵魂。”为了深入贯彻习近平新时代中国特色社会主义思想，特别是习近平总书记关于文化建设的重要论述，江西省委、省政府把文化强省作为重大战略，出台了《关于加快文化强省建设的实施意见》，明确提出到2025年，江西要建设成为在全国具有较大影响的文化强省。《江西文化符号丛书》的出版正是江西省委宣传部深入学习习近平新时代中国特色社会主义思想，落实文化强省建设的一项具体行动。

我们策划出版这套《江西文化符号丛书》的初衷，就是力图将江西符号与江西形象、文化自信和文化思考，一起熔冶进书中，通过底蕴深厚的文字与精美个性的画面，带领人们理解江西文化的内涵，感知江西文化的灵魂，藉以给人们梳理出一个清晰的文化发展脉络，提供一个宽敞的文化游历空间，架构一座理解传统文化与先人智慧的桥梁，活化一种历史记忆和时代精神的生动传承。

《江西文化符号丛书》的出版是一项系列工程。当前，我们选取了相对立体的涵盖江西特色文化基本面的12种文化作为第一辑出版，即《红色文化》《山水文化》《陶瓷文化》《书院文化》《戏曲文化》《农耕文化》《商业文化》《中医药文化》8种特色文化，以及《临川文化》《庐陵文化》《豫章文化》《客家文化》4种地域文化。这些都是在江西历史上经过时间检验，已经形成广泛影响，并在较大范围内获得公认的文化成就和文化现象，它们是一道光、一条路，引导人们向光而行，不断续写新的华章。同时，江西文化元素丰富多彩，文化明珠灿若星河，除了以上12种之外，儒家文化、佛道文化、青铜文化、吴城文化、建筑文化等都是江西有重要影响的文化元素，我们将在后续出版规划中予以考虑。

我们在编撰工作中紧紧围绕"正""专""新""特""精""美"来精耕细作。"正"，是指传播正能量，把好政治导向关；"专"，是指既要雅俗共赏、通俗易懂，又要体现学术层面的专业性和权威性；"新"，是指所选内容，不但要注重文化源远流长的历史和发展特征，更要延伸这种文化的美好前景及其在当下生生不息的生命力；"特"，是指文化内容一定要选取最有特质、最有代表性的符号来讲述；"精"，是指选材精、表述精、制作精，以打造精品图书的标准来组织实施；"美"，是指图文并茂，精美雅致，让读者沉浸在美景美物的故事和文化意境中，怦然心动，产生共鸣。

丛书的出版得到了有关方面的鼎力支持和帮助。中共江西省委常委、省委宣传部部长施小琳同志对丛书的编撰出版高度重视，多次研究协调。时任江西省人大常委会党组副书记、副主任朱虹同志，中共江西省委宣传部老领导刘上洋、姚亚平同志对丛书的编撰出版给予了悉心的指导。在丛书配图方面，江西省各设区市委宣传部以及江西画报社提供了有力的支持。在书稿审读过程中，中共江西省委党史研究室、江西省社会科学院、江西省文联、江西省博物馆等众多单位以及江西师范大学、南昌大学等众多高校的专家学者提供了学术上的指导。丛书各册的作者克服了诸多困难，在相对较短的时间内，精心构建框架，广泛搜集资料，创新表达方式，倾情进行写作，为丛书的顺利出版付出了艰苦的努力、巨大的心力。丛书还参考了一些研究成果和图片资料，使用了省内部分摄影家的作品。在此，我们谨向所有支持、帮助过该丛书出版的领导、专家、学者致以衷心的感谢！

限于时间相对匆促，在编撰出版过程中，难免存在缺憾和不足，敬请广大读者批评指正！

丛书编委会

2021 年 4 月

目录

CONTENTS

第三章

商业之盛

第四章

商城之兴

第五章

商品之丰

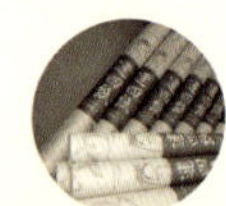

第六章

天下万寿宫

第七章

赣商新貌

导言

江西素有“物华天宝，人杰地灵”之美誉，具有悠久的历史和璀璨的文化。在漫长的历史时光中，江西人民创造了巨大的物质财富和宝贵的精神财富，形成了独具特色的商业文化。

江西传统经济文化的发达和工商业的繁荣，为江西商人外出提供了条件。伴随着浩浩荡荡的移民大潮，江右商帮迅速流向全国各地，占领了相当大的市场。明清时期，江右商帮以其人数之众、分布之广、操业之多、渗透力之强，为世人瞩目，成为中国历史上十大商帮之一。

江西在古代中国商业网络中，具有十分重要的位置。水路经由长江入鄱阳湖，进赣江溯流直上到达赣州，再由陆路过大庾岭直抵岭南广东地区，这条黄金水道是中国古代南北贸易的大通道。在陆上和海上丝绸之路的形成与发展过程中，江西有着重要的历史地位，是全国商贸的重要交通区域。

明代中后期，随着商品经济的发展和贸易的繁荣，新兴的工商业市镇不断地涌现，为区域经济的发展注入了新的活力。景德镇、樟树镇、河口镇和吴城镇等特色型商业市镇的崛起与兴盛，在当时的全国工商业中具有举足轻重的地位。

江西地理条件优越，物产丰富，商品货物品质精良，工艺精湛。万年贡米、景德镇陶瓷、浮梁茶叶、樟树药材、铅山连四纸、新余夏布、南丰蜜橘等都是江西的主要贸易品牌。

明代后期和清代，江西商人会馆、万寿宫在各地的大量创建，是全国市场的流通特别是江右商帮发展的结果。遍布全国及东南亚的以“万寿宫”命名的江西会馆，既是江右商帮财富与实力的体现，也是江右商帮乃至江西的文化符号。各地的江西商人作为万寿宫的主要捐资者和建设者，他们在万寿宫的凝聚下，组成商业公会，抵抗压迫、增进利益、解决纠纷。随着时代的行进，商业工会逐渐向近代商会转化。

当代赣商弘扬企业家精神，秉承“厚德实干、义利天下”的赣商精神，以自己的智慧、才华和坚韧品格，不断推动企业做优、做强、做大，努力续写赣商新的辉煌。改革开放以来，一大批有胆识、勇创新的企业家茁壮成长，形成了具有鲜明时代特征、民族特色、世界水准的江西企业家队伍，助推江西崛起，为建设富裕美丽幸福江西、谱写新时代中国特色社会主义的江西篇章做出更大贡献。

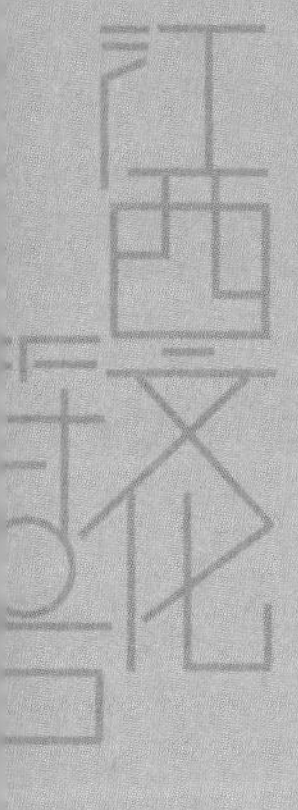

第一章 江右商帮

JIANGYOU
SHANGBANG

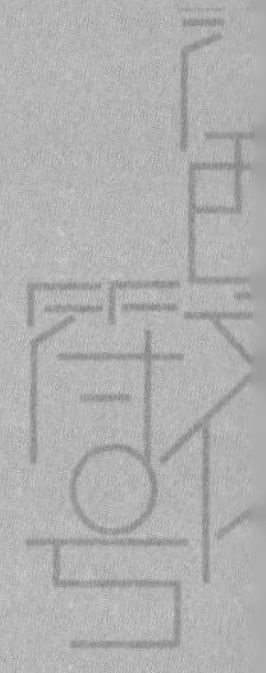

江西传统经济文化的发达和工商业的繁荣，为江西商人外出提供了条件。伴随着浩浩荡荡的移民大潮，江右商帮迅速流向全国各地，占领了相当大的市场。明清时期，江右商帮以其人数之众、分布之广、操业之多、渗透力之强，为世人瞩目，成为中国历史上十大商帮之一。

一、浩浩荡荡移民潮

“江西填湖广”

自中唐、南唐至两宋，江西逐渐成为国内经济文化的先进地区。历元至明，江西的这一经济优势仍然继续保持。经济发展和远离战争，使江西在宋元时期成为中国人口大省，而湖南、湖北、河南等地，却因宋元之际特别是元明之际的战争而人口骤减，四川、云南、贵州、广西则是土旷人稀。因此，从元末明初开始，先是自发性的人口流动，继而是政府大规模强制移民，接着又是持续性的自发移民，数百上千万江西人口先是涌向湖南、湖北，继而涌向四川、云南、贵州及其他地区，形成了影响中国历史数百年之久的汹涌澎湃的移民大潮。历史上，将这股移民大潮形象地称为“江西填湖广”“湖广填四川”。

相邻的湖广（今湖南、湖北）是江西移民首先“填”

的地区。两湖地区的家谱和地方志对这种“填”的盛况进行了形象而生动的描述。有的说江西迁往荆楚的人口如西陵峡的江水，“其流奔放肆大”；有的说本地移民众多，“而江右独多”。这些说法，后来被研究者所证实。谭其骧在20世纪30年代即注意到明清时期江西往湖广的移民潮，并在《湖南人由来考》中指出：今湖南人的祖先十分之九为江苏、浙江、江西、安徽、福建人，而其中江西人又占了十分之九。

进入湖广的江西移民，有的在湖广停下了脚步并永久留在了湖广，他们和原有的民众一道，对两湖地区的经济与文化的发展做出了重大贡献。明朝前中期开始流行的谚语“湖广熟，天下足”，实由两大要素造成，湖广的土地和江西的移民。进入湖广的江西移民，有的没有停下步伐，一路向前，继续向四川、贵州、云南以及其他地区进发。湖广人口在战乱之际，也并非在原地等待乱兵的杀戮，而是向未遭战乱的地区流动。在元末明初、明末清初，湖广人口移民的首选地便是四川。当两湖平原开始人满为患时，剩余人口也向各处特别是人少田多处流动，而首选地区同样是四川。江西移民、湖广移民，沿着长江、嘉陵江，流向川东地区，流向成都平原，又沿着沅江、湘江等，流向贵州、云南及广西。在“江西填湖广”的同时，又出现了“湖广填四川”其实是填西南的盛况，其中，江西移民或在湖广的后裔又是主体，他们和当地民众与其他地区的移民一道，对于中国大西南的开发，起了极其重大的作用。

鄱阳瓦屑坝、南昌瓦子角

在一些江西移民的族谱、家谱或后裔的记忆中，鄱阳瓦屑坝和南昌瓦子角（街）、筷子巷、朱市巷是经常出现的地名，他们宣称自己的祖先是从上述地方迁出去的。因此，瓦屑坝、瓦子角（街）、筷子巷、朱市巷像山西洪洞大槐树一样，成为江西移民记忆中的故乡，也是江西移民圣地，因此有“北有大槐树，南有瓦屑坝”之说。

瓦屑坝位于今鄱阳县莲湖乡，处于鄱阳湖与赣江三角洲的交接地带。鄱阳曾名番阳、番，是江西有记载的最早的两个县之一，也是江西第一个郡庐江郡的郡治所在地。

南昌瓦子角

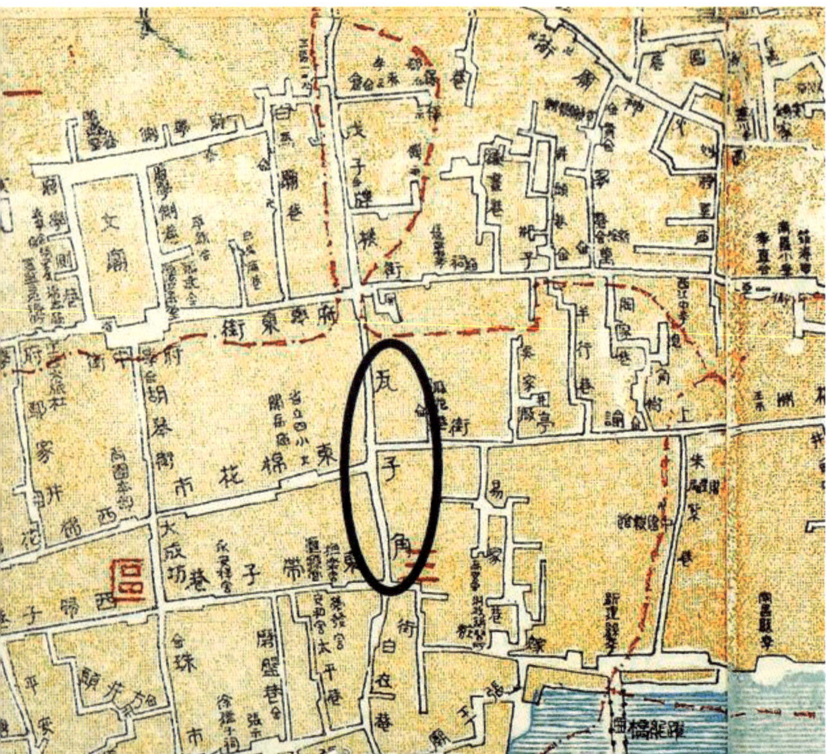

鄱阳瓦屑坝

隋唐以来，鄱阳又是饶州及饶州路、饶州府的所在地。瓦屑坝距离县城府城仅一二十里，离鄱阳湖的汊湖大莲子湖也只有十来里，周围湖泊密布，水路通畅。如今鄱阳湖面积缩小，瓦屑坝离鄱阳湖已远，但当年的瓦屑坝则是靠近鄱阳湖的聚落和水运码头。明朝洪武大移民时，饶州府属各县外迁人口到鄱阳湖瓦屑坝集中，由鄱阳湖进入长江，顺江而下，迁往安徽其他府县及长江下游省份，更多的溯江而上，迁入湖广，主要是湖北。据曹树基估计，明初的几十年里，瓦屑坝至少输出了 30 万饶州人。所以，如今安徽安庆的一些地方，整村整乡的人，故老相传都是从江西瓦屑坝迁来的，都是瓦屑坝老祖宗的后代。清康熙年间的大学士、安庆桐城人张英说，他的祖先就迁自鄱阳瓦屑坝。张靖华博士在安徽巢湖东岸地区发现了一个称为“九龙攒珠”的村落，其格局竟然与南昌县向塘镇的古村落一致。这个村落的居民就是瓦屑坝移民后裔。湖北黄冈、黄陂等地的许多家谱、族谱，也都记载他们的始祖是从瓦屑坝迁去的。有意思的是，各种家谱记载不一，有的说南昌县瓦屑坝，有的说乐平县瓦屑坝，有的说饶州府瓦屑坝，等等。这又说明，瓦屑坝更多是江西移民对故乡的一种历史记忆，是他们心目中祖先的“根”。

与瓦屑坝相比，瓦子角（街）也是江西移民家谱或记忆中的祖籍地，其情况更复杂。在湖南、湖北等地，尤其是长沙周边地方的江西移民族谱中，或说祖先迁自南昌瓦子角，或说进贤瓦子街，或说丰城瓦子街，迁自南昌瓦子角的又往往与筷子巷、朱市巷等连在一起。民国《蒲沂乡土志》记载，元末明初，江右民众，多自“进贤瓦子街”移居，当地盈千累万之盛族，皆江西移民。湖南浏阳的多种李氏宗谱，则说祖先为南昌府丰城县（今丰城市）瓦子街人。这种记载上的出入，同样是在长时期的历史记忆与流传中引起的误差造成的。在全国移民的家谱中，类似的情况非常多。当年的情况可能是，丰城、进贤等地移民到南昌瓦子角、筷子巷或朱市巷等地集结，然后往各地迁徙，对原籍的具体村、乡已经失忆，但对府、县及南昌的大去处瓦子角、筷子巷却是记得的。

无论是家谱记载或是学者研究发现，说祖先来自瓦屑坝的，祖籍大抵都是饶州府各县，而说祖先来自瓦子角的，祖籍大抵在南昌及周边地区。还有一种情况，就是说来自瓦子角的，实际上是宣称自己是城里人，而说来自瓦屑坝，则自认来自乡村。

二、《岛夷志略》与江西海外移民

汪大渊与《岛夷志略》

比起广东、福建、浙江等沿海地区，江西虽属“内地”，却是“内地”与“沿海”的纽带。随着经济文化的发展和中外文化的交流，至少从南宋开始，有众多江西民众通过各种方式，远涉乃至定居海外。而元代汪大渊，则通过自己的《岛夷志略》，让人见识了当年江西人的足印所至。

汪大渊（1311—？），字焕章，由于自称是“豫章”人，所以研究者一般认为其是元代隆兴府（今南昌）人。汪大渊曾两次远洋航海，航迹遍及东亚、东南亚、南亚、西亚、印度洋和地中海，被西方学者称为“东方的马可波罗”，为中华航海第一人。

汪大渊的首次远航，时间应该是元泰定帝泰定五年（1329）前后，从当时的“东方第一大港”泉州出发，历

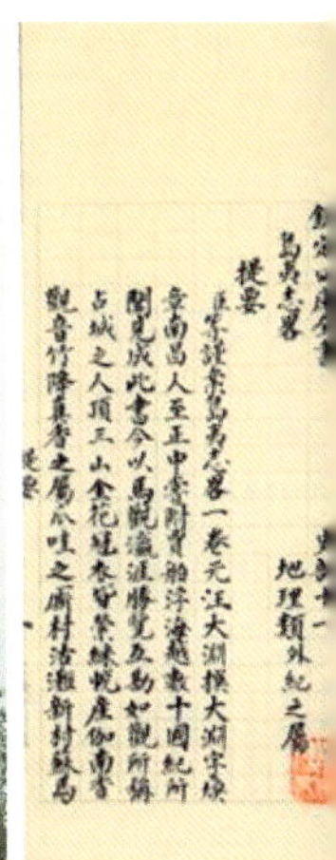
岛夷志略

地理类外纪之属

提要

汪大渊塑像及《岛夷志略》

经海南岛、占城、马六甲、爪哇、苏门答腊、缅甸、印度、波斯、阿拉伯、埃及，横渡地中海到非洲西北的摩洛哥，然后再回到埃及，出红海到索马里、莫桑比克，横渡印度洋回到斯里兰卡、苏门答腊、爪哇，经澳洲到加里曼丹、菲律宾。五年后，元惠帝元统二年（1334）夏秋间，返回泉州。首次远航，虽然路途艰辛，但马六甲的海峡、印度的庙宇、埃及的金字塔、非洲西北的风情，无不令汪大渊陶醉。三年之后，汪大渊再次远航。这次仍从泉州港出海，历游南洋群岛、阿拉伯海、波斯湾、红海、地中海、莫桑比克海峡及澳洲各地，到元顺帝至元五年（1339）夏秋间返回泉州。

汪大渊的两次远航，前后历经8年，每到一处，都要详细考察当地的风俗、地理、人情，并以写诗的方式记载当地的山川、土俗、风景、物产，保存了珍贵的第一手资料。远航回国后，汪大渊把两次航海所看到的各国社会经济、奇风异俗记录下来。适逢当时的地方官正在续修地方志，于是汪大渊所整理的文字被作为一个附录——《岛夷志》保存下来。后来，汪大渊回到阔别已久的故乡，将《岛夷志》节录成《岛夷志略》，以单行本在南昌印行。

《岛夷志略》里出现的亚、非、澳各洲的国名和地名220多个，涉及90多个国家的山川险要、方域疆土、物品贸易和民情风俗，地理范围包括东南亚、南亚、西亚以至东非广大地区，这不但在当时，即使在后世，都极为罕见，被公认为当时最为丰富的远洋记录，堪与唐玄奘的《大唐西域记》相匹，是研究元代的海外贸易、中外关系及这一时期亚、非地区历史、地理的珍贵资料。明代永乐时期郑和七下西洋时，就把《岛夷志略》作为主要参考书。随郑和七下西洋的马欢在自己所著的《瀛涯胜览》中也由衷表示，《岛夷志略》中的内容真实可靠。

江西海外移民

汪大渊是中国历史上有记载的海上游历最为丰富的游客，而他从南昌到泉州，再从泉州远航太平洋和印度洋，很有可能是跟随江西商人去的。

由于两宋朝廷鼓励海外贸易，加之造船业发达和指南针的使用，海外贸易十分盛行，江西的景德镇、吉州窑和赣州七里镇所烧造的瓷器是销往海外的重要商品。贩卖这些瓷器的，既有外地商人，也有不少本地商人。王安石带有夸张性地称说家乡之富："雄楼杰屋郁相望，中户尚有千金藏。"又说当时江西的商人："大舟如山起牙樯，输泻交广流荆扬。"（王安石《送程公辟守洪州》）南北大运河通航之后，江西是海上与内陆商业流通的枢纽，由于瓷器长期外销，江西的一些地方形成了出海经商之风。

明清两朝在各种因素的驱使下，实行海禁，明初甚至规定"片板不许下海"，但走私贸易从未中断。嘉靖《江西省大志》说："其（景德镇瓷器）所被自燕去而北，南交趾，东际海，西被蜀，无所不至，皆取于景德镇，而商贾往往以是牟大利。"《南昌府志》说丰城："民勤耕稼，而更务商贾"，"商贾工技之流，视他邑之多。……浮海居夷，流落忘归者，十常四五。故其父子兄弟夫妇自少至白首不相面者，恒散而不聚，无怨语也"。（万历《南昌府志》卷3《风俗》）

明成祖永乐时，明朝使者到琉球国，接触的是该国中山王长史程复。后经交谈，发现程复居然是江西饶州人。程复是明初经商至该地定居的，很可能是景德镇瓷商。宪宗成化十四年（1478），广东东安千户所抓到几名走私商人，为首者叫方敏，乃江西府浮梁县人。这年三月，方敏同弟方祥、方洪凑银六百两，买来青白花碗、碟、盆、盏等瓷器共2800个，用船送到广州，与熟识的广东揭阳县民陈祐、陈荣，海阳县民吴孟等合谋，走私出海至南洋贸易。稍后，南城、万安等处商人经商至满剌加（今马来西亚马六甲州），便在当地定居下来。武宗正德时，摇身变成了该国通事，到北京“公干”。清初顾炎武说，如果海禁一开，江西瓷商将大批出海贸易。日本爱知县濑户市陶艺家藤庶访景德镇时说道，清代有浮梁县陶工两人东渡日本，在濑户市传授赤绘（彩绘）技术，这两人成为目前所知较早的开展对外陶艺交流的人士。

鸦片战争前后，受全国风气影响，江西海外移民更加频繁，而且不限职业。其著名者，如瑞金县（今瑞金市）叶坪乡东升村农民杨远涵、杨远溪兄弟，于1915年携眷属漂洋过海至文莱做工谋生，艰苦创业，繁衍后代。丰城籍人士杨永清带领数十名同乡，在新加坡开办“川新木器厂”。进贤县人吴龙海、晏德顺、齐长水等师兄弟赴马来西亚从事木器家具生产，也吸引了大批进贤人赴马，形成马来西亚木器家具制造行业的“江西帮”。兴国县杰村乡大江村农民刘光祺，被人当“猪仔”拐卖到马来西亚、新加坡做苦工，后发迹成富商，并创建“新加坡江西会馆”，任首届会长。延续了数百年之久的江西海外移民和遍布东南亚的江西商人，对中外商品贸易和文化交流产生了重要的影响。

三、无江西人不成市场

江西移民的迁徙过程，实际上是江西民众寻求新的生存空间的过程。在进行空间转移的过程中，江西移民的谋生手段也在新的环境中发生改变，所从事的职业，既有农、工、商、贾等“正业”，也有风水、星相、医巫、古董等“技巧”。其中产生了大批的工商人口，形成明清时期“十大商帮”之一的“江右商帮”。

江西之所以被称为“江右”，“易堂九子”的之首、“宁都三魏”中的魏禧在《日录杂说》作了这样的解释：“江东称江左，江西称江右。盖自江北视之，江东在左，江西在右。”这个解释十分有道理，从北方看江南地区，“江南西道”“江南西路”即江西在右，“东南东道”“江南东路”即江东在左，所以“江西”又被称为“江右”，而“江东”又被称为“江左”。

明清文献中，关于江西人口赴外地经商的记载比比皆是。明末清初文学家徐世溥说，省城南昌府的人，到湖广经商，犹如跨门过庭。商品经济较为发达的吉安、抚州，其士大夫的得意之情也溢于言表。明中叶吉安彭华说：“（吾乡）商贾负贩遍天下。”明末抚州艾南英说：“随阳之雁犹不能至，而吾乡之人都成聚于其所。”（艾南英《天佣子集》）浙江人王士性也说：“作客莫如江右，而江右又莫如抚州。”（王士性《广志绎》卷 4《江南清省·江西》）福建人谢肇淛则说，天下最能做生意的，“必推新安与江右”。

与江西毗邻而又地域辽阔的湖广，既是江西移民的主要移居地，又是江西商人的主要活动地区。明清时期湖广流行着“无江西人不成市场”的民谚。襄阳的江西商人数量之多、江西会馆之大，令人瞩目；而江西商人的金银首饰、中药和粮油等行业，实力称雄当地。毗邻洞庭湖的岳州府，民户多以渔业为生，但“江湖渔利，亦惟江右人有”。明代兴起的竟陵（今湖北天门）皂角市，居住着大约 3000 人口，本地人仅为十之一，均从事耕作，而十之七来自江西，绝大部分是商贾之家。鄂西的郧阳、钟祥，也有大量江西商人。清朝中期兴起的商业“巨镇”汉口，盐、当、米、木材、药材、花布被称为六大行业，皆有江西商号，尤其是药材业，几乎被江西清江商人垄断。

地处南北冲要的长沙、衡阳，商贾汇集，“江西人尤多”。清代的湘潭号称天下“第一壮县”，繁荣程度超过省会长沙。营造起湘潭繁荣的主要是江西商人。乾隆时期，湘潭有商人会馆 56 处，其中 16 处是江西商人的会馆。地处湘西的洪江城（现属怀化）位于沅、巫两水交汇处，明清时期成为湘、滇、黔、桂、鄂物资集散通道的商贸重镇，被称为“五省通衢”，这里是江西商人的重镇，名扬四海的洪油，更为江西商人所垄断。洪江有“三子”的民谚，即江西会馆的银子、贵州会馆的顶子，宝庆会馆的拳子。说的是，洪江的江西商人有钱，贵州商人多是官商，宝庆（今邵阳）商人会武功。湘西的凤凰古城也是江西商人的聚集地，当地人称西商（江西商人）的银子多、苗民的顶子多。清末被称为“凤凰四大家”的裴三星布号、孙森万柏记号的开创者均为江西商人。

地处西南、人口稀少的云南、贵州、四川，是江西商人活动的又一主要地区。王士性在明神宗万历时为云南腾冲兵备道，就他估计，在云南居住的人口，多是江西人，特别是江西抚州人，开始以为他们只是在城市从事商业活动，后来发现，只要是有村落的地方，不管是汉人居住区，还是少数民族地区，都有江西商人。又派人巡视缅甸，使者行程近万里，历时两个月，回报说只要有居民点，其头目往往就是江西抚州人，这些“抚人”又多为经商至此而定居的。因而他得出这样的结论：“滇云地旷人稀，非江右商贾侨居之，则不成其地。”（王士性《广志绎》卷5《西南清省》）抚州艾南英则说，其乡“富商大贾，皆在滇云”。（艾南英《天佣子集》卷9）据《皇明条法事类纂》记载，明成化时，仅云南姚安军民府（今云南楚雄族自治州西部）就有江西安福县、浙江龙游县商人三五万人；临安府（今云南红河哈尼族彝族自治州及通海、华宁、新平、峨山等县）也有许多江西商贾。清政府海关总税司所编《海关十年报告》（1882—1891）称：蒙自有6个省的7个会馆，其中4个为江西的会馆，2个为江西会馆，1个为吉安会馆，1个为南昌会馆。“一省之所以拥有如此众多的会馆，是江西人在以往鼎盛的年代中对矿冶业极感兴趣的缘故。”可见，直至晚清时期，云南的矿业也多由江西商人经营。

在贵州的江西商人也接踵于道、同贾于市。《黔南职方纪略》说贵阳的商人多为江西籍。回龙场和双流泉，是清代兴起的水银生产基地，这里的汞商，也十之八九是江西、湖广人。镇远府（今贵州黔东南苗族侗族自治州北部）、松桃庭（今贵州松桃苗族自治县）等地，江西商人也甚多。黔东南锦屏境内的小江为清水江下流的支流，其江西街乃因江西移民和商人的进入，至清中期形成集市。江西移民江、张、曾、王、戴、肖、熊等姓在此经营银匠、木材等生意。

由荆湖溯江而上，四川的夔州、重庆、叙州诸府，乃至岷江上游的松潘，涪江上游的梓潼，均有江西商人活动的记载。明成化十年（1474），刑部因大批江西商人携带绢布、火药等物涌入四川少数民族地区交易铜铁、聚众开矿，要求朝廷对此明令禁止。清嘉庆初，重庆169个行业中，江西商人占了40多行。其中69个大行业中，江西山货22行，药材11行，铁锅2行，布匹2行，麻、油、铜铅等各1行。江西商人还设有钱庄，实力雄厚。人称重庆有“四多”：湖广馆的台子多，江西馆的银子多，福建馆的顶子多，山西馆的轿子多。

清雍正、乾隆时在西南少数民族地区推行“改土归流”，大批土司被强行迁入江西，原因是他们的原籍就在江西。他们的祖、父辈经商至少数民族居住地，入乡随俗，服饰、语言及其他生活习惯均与当地居民无异，又因有文化、有财产，遂通过各种办法牟取了土司的职位。在缅甸的大山厂银矿，有来自江西、湖广及云南等地矿工上万人，有人认为应该有4万人。这和清代西南地区特别是云南矿产资源日益减少有关，矿主、矿工转移到与云南接壤的缅甸等地。

福建、两广，也遍布江西商人的足迹。明代学者王世懋发现，福建建阳、邵武、长汀等地居民的口音与江西口音相似，一经询问，原来这里有大量江西商人的活动与入籍。以盛产武夷茶著称的建宁府为例，茶农茶商几乎都是江西人，每年早春二月，总有数十万江西人来到这里，筐盈于山，担接于道。广东潮、惠等地棉纺业所需棉花，有一半

江西省博物馆展陈的陶瓷贸易场景

左右靠江西商人从饶州、南昌等府运来，吉安布商有在广州、佛山等地设立“粤庄”者。连州、高州等地还有不少关于江西商人施放子母钱的记载。韶关是江西商人的重镇，下辖各县均建有江西会馆。江西商人在此主要经营盐业、药材、布匹和洋货等。资料显示，民国时期，广西 101 个县中，66 个县有江西商人经商的记录。江西商人的主要经营范围有典当、货行、银号、手工加工业及货物转运等；桂林、柳州、浔州、太平、镇安等处，江西盐商、木材商、药材商活动频繁。

尤其是梧州，居左右江汇合之要，百货往来，帆樯林立，其繁荣程度在清前期几乎与汉口、湘潭相埒，江西商人在这里所开商号有百十家。桂林为广西首郡，城内外“商贾远集，粤东、江右人居多，见闻盛于他郡”。

地处中原的河南及北方各省，同样遍布江西商人的足迹。早在明宣宗宣德十年（1435），河南南阳知县李桓圭上书明廷，说该地有许多江西商人，放贷生息，累起词讼，要求申明禁约。天顺、成化时的大学士李贤，也说他家乡邓州四方商人云集，“西江（即江西）来者尤众”。英宗正统十四年（1449），河南布政使年富甚至要求政府尽驱在当地的江西移民，尤其是江西商人。河间府的瓷商、漆商，宣化、登州等地的书商、巾帽商等，也“皆自江西来”。陕南山区，历来是流民汇集之处，清陕西按察使严如熤说这里土著居民不到十分之一二，其余的皆来自湖广、广东、安徽、江西，而江西流民则多从事工商业活动。

北京是明清时期全国的政治经济中心，张瀚在《松窗梦语》中说：“今天下财货聚于京师，而半产于东南，故百工技艺之人亦多出于东南，江右为夥，浙（江）、（南）直次之，闽、粤又次之。”

南直隶（今江苏、安徽）、浙江，是明清时期商品经济最为发达的地区，明代徽商在这里有相当大的势力，清中叶又相继有宁（波）绍（兴）帮崛起，但江西商人也十分活跃。江西民谚有:“三日不见赣粮船,市上就要闹粮荒。”扬州隋唐以来为江淮百货的集散地，商贾接踵摩肩。据万历《扬州府志》，在扬州的各地商人，以徽商最盛，其次则是陕商、晋商和江右商。江北的盱眙、泗州，江南的南京、苏州、松江及浙江的杭、衢、婺、处诸府，也均有江西商人列铺坐卖，或辗转贩运。冯梦龙《醒世恒言》说江西进贤人张权在苏州开木作，在苏州最繁荣的阊门外皇华亭打出自己的招牌:“江西张仰亭专制坚实小木家火,不误主顾。”虽属小说家言，却反映出江西在苏州从事工商业者大有其人。大别山区盛产药材，成为江西清江药商的重要采购点。浙江山区多产蓝靛、宁麻、纸张，江西商人也深入山区采购。同治《江安县志》称：“山源深窅，林箐险密，有靛麻纸铁之利，为江闽流户篷罗居者，在在而满。”“大约流移杂处，闽人居其三，而江右之人居其七。”

极边如辽东、甘肃、西藏乃至徼外异域，江西商人也携货往返，乃至娶妻生子、至死不归。玉山县商人张良舒，长年在辽阳经商，积资甚富。同乡商人多在此有外室，并有人将佳丽介绍给张良舒，可见当地江西商人不在少数。南丰县商人夏某曾多次出入西藏，往返贸易，最后病死于藏东旅次，竟然被他儿子打听到下落，扶柩而归，可见这条商道也是江西商人的熟路。

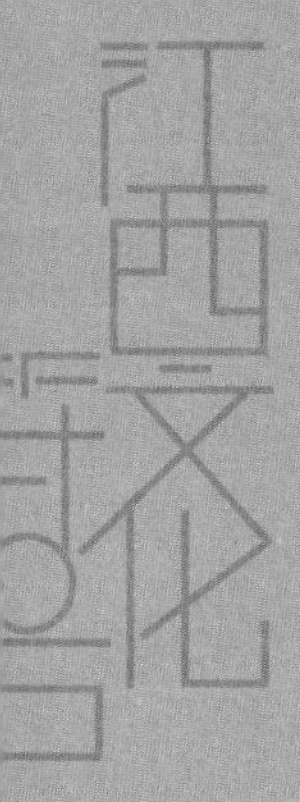

第二章 商道之畅

SHANGDAO
ZHI CHANG

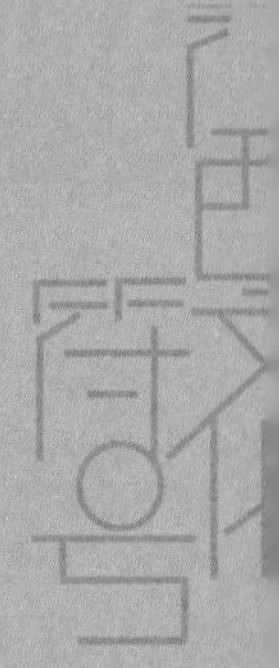

江西在古代中国商业网络中，具有十分重要的位置。水路经由长江入鄱阳湖，进赣江溯流直上到达赣州，再由陆路过大庾岭直抵岭南广东地区，这条通道是中国古代南北贸易的大通道。在陆上和海上丝绸之路的形成与发展过程中，江西有着重要的历史地位，是全国商贸的重要交通区域。

隋以前，江西与北方的水陆交通不畅，经济发展受到很大的制约。直到隋炀帝开通大运河，张九龄开凿大庾岭，江西成为南北水路交通大动脉，由此“舟船之盛，尽于江西”。江西优越的交通区位优势，推动着商业贸易和经济水平的发展。但清代中后期五口通商之后，全国主要的商路发生变动，由之前的经大运河过长江入鄱阳湖过赣江再过大庾岭南下直抵广州的南北通道转变为以长江流域为依托的东西方向为主。交通格局的变动，使得江西原先优越的交通优势极为降低，这对江西近代以来的发展产生深远的影响。

一、黄金水道

秦代南征“百越”的战争使得江西交通道路得以初步开拓。前219年，秦发兵50万，分五路大举进攻百越，其中两路取道江西。这两条进军路线成为后来江西境内的两条水路主干线。一是由赣江水路上溯至大庾岭，通过大庾岭山路入广东南雄；二是沿着信江水东行至广丰，转陆路至浙江江山，翻越仙霞岭，东下瓯江可至温州，南入闽江可达福州。

两汉时期，江西交通道路继续得到发展，商路初步形成。汉初，朝廷与南越国的官方往来和商旅贩运较为频繁，当时中原至东南沿海地区的交通，虽已开通东南海道，但因海路易遭风暴袭击，风险太大，一般不取海路，而多取道豫章境内的水路和陆路南下。官方和各种民间的交往，大大促进了豫章郡内的交通运输。汉武帝时，对南越、闽

张九龄像

粤发动过大规模的战争，豫章郡处于非常重要的地位，既是后方补给的供应地，又是前方战场，所以军队的集结和运动往往都在豫章郡内进行，这对江西水陆交通的发展无疑起了刺激和推动的作用。

因此，至东汉末期，江西境内基本形成了以豫章郡城为中心，向周邻州郡辐射的道路骨架。主要路线有：

1. 九江至豫章郡：自今南昌市经海昏（今永修县）、历陵（今德安县）至柴桑（今九江市），北越长江可达九江郡治所寿春（今安徽寿县）。

2. 豫章郡至南海郡：自今南昌市经新淦（今樟树市）、石阳（今吉水县）、庐陵（今吉安市）、赣县、南野（今赣州市南康区），南越大庾岭横浦关可达南海郡番禺（今广州市）。

3. 豫章郡至闽中郡：由赣江转信江往东，翻越仙霞岭，可达闽中郡的东治（今福州市）。

4. 豫章郡至长沙国：自新淦经宜春至湖南醴陵。

5. 豫章郡至会稽郡：自馀汗（今余干县）沿信江经今玉山可往会稽郡等。

魏晋南北朝时期，由于时局动荡，历代统治者均将主要精力放在国家政治建设和军事斗争上，江西交通建设并未得到太多发展。隋唐时期，国家重归一统之后，江西交通建设得以继续发展。受区域自然条件与生产力水平的影响和作用，隋唐五代，江西交通水陆并重，以顺应自然环境的水路沟通陆路的交通模式为特色。

水路交通虽然受到河川走向、航运条件的限制，但考量各种交通条件，水运都是运输力最大、成本最低的运输形式。正如王勃在《滕王阁序》中“襟三江而带五湖”所描述的那样，江西襟江带湖，形成了以鄱阳湖水系为主要框架的水路交通网络。由鄱阳湖借赣水与支流通洪州（今南昌市），往南以盱水通抚州州治临川与南丰县，是他州入抚州的主要途径。继续往南，由赣水另一支流渝水西入袁州。该水是袁州（今宜春市）东西交通凭借，州治宜春、新喻县（今新余市）均借助渝水进入赣水水系，通达南北。继续南行，经吉州境内支流庐水通西部安福县、禾水通永新县。过吉州即抵达虔州，州内赣水支流为主要交通路线，贡水居东，其支流南通信丰，其上游虔化、大庾，由大庾岭陆路越大庾岭入岭南，接浈水，顺北江上游浈水，南抵广州。由彭蠡湖入饶州，可借余水通信州贵溪、弋阳、上饶、玉山四县，继续东行经衢州、睦州、杭州通运河，进而通苏州、常州，至润州渡长江，达扬州。自上饶南行，另有陆路通福建地区。由彭蠡湖至饶州州治鄱阳，溯鄱水上游昌江，东北行，经浮梁，至歙州祁门。昌江为江西地区少数发源于江西境外的河川，可以联通江西地区与浙江地区。总之，江西水路发达，襟江带湖，赣江、抚河、信江、昌河、修水、锦江、袁河纵横其间，港湾河汊，繁密如网，区域内部的水上交通便利。正因为如此，存在“舟船之盛，尽于江西”这样的流行语，成为江西交通状况的写照。不过，除东北方的饶州（今鄱阳县）、信州（今上饶市），南方的虔州（今赣州市）西南角可通外界，江西多数地区仍以鄱阳湖区为中心，交通线呈向心状聚拢，是封闭性较高的交通系统，外界进入江西地区唯有由东北二州、北方江州（今九江市）、西南角虔州（今赣州市）四处。

赣江风景

隋代以前，江西与北方的水路交通并不通畅，经济文化交流受到相当大的限制。这与当时整个南方与北方的交通不畅相关。为了沟通南北水上运输，便于调运南方的粮食等物资，并进一步从政治上、军事上控制江南，隋炀帝自大业元年（605）至大业六年动员大量人力物力修建了大运河。这条北起涿郡，中经洛阳、江都，南至余杭的大运河，将中国东部的海河、黄河、淮河、长江、钱塘江五大水系联系起来，形成一个四通八达的水运网，成为南北交流的大动脉。大运河的沟通，中国与国外的商品交流由原来的主要从长安往西的商道改从中原沿大运河南下，经扬州溯长江入鄱阳湖，历赣江过大庾岭顺浈水入广州。这无疑极

大运河示意图

大地促进了当时和以后包括江西在内的江淮地区的经济、文化和交通的发展。

唐朝对包括江西在内的各大水路的畅通十分重视。唐太宗贞观初年（627），命江州刺史左难当为“静江大使”，肃清了江中盗贼，保证了江西与北方各地水上运输的畅通，江西的水上交通因此繁荣起来。开元时洪州刺史张九龄在《候使登石头驿楼作》一诗中这样描绘当时赣江的航运：“山槛凭高望，川途眇北流。远林天翠合，前浦日华浮。万井缘津渚，千艘咽渡头。渔商多末事，耕稼少良畴。”水上交通的发达带来商品经济的繁荣，竟使人们趋商弃农。秦汉六朝以来，赣水交通线道路并不十分通畅，特别是虔州州治至吉州一带的险滩更是巨大的障碍。孟浩然《下赣石》诗云：“赣石三百里，沿洄千嶂间。”此段航道两岸重山绵延，险滩礁石密布，水流洄旋湍急，来往船只均得雇请水工拉纤前行，稍有不慎即樯倒楫倾，货毁人亡。为消除赣江交通线的隐患，唐德宗贞元四年（788），虔州刺史路应凿掉赣江的险石，以使来往的船只便利通过。这使得赣江的航运更为安全些，在一定程度上缓解了以往经此船多败没的严重阻难。

隋唐时期不仅江西水路交通得到发展，陆路交通亦得到了建设尤以大庾岭的开凿最为重要。大庾岭，又名梅岭，位于今赣州大余县南 25 里，沿省境绵延，经信丰后折东南，入全南境与九连山衔接，周围 300 余里，海拔 600 至 800

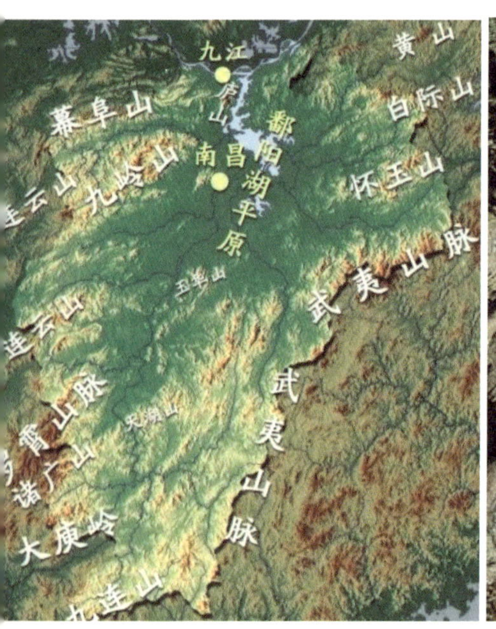

江西省地势图

米。它在南边与广东、广西接壤，北接湖南，据赣江上游，形势蜿蜒曲折，胜似天堑。顾祖禹在《读史方舆纪要》中称之为江西“重险”“堂奥之地”。对于岭南地区来说，大庾岭则又是打通中原与岭南交通的一把钥匙。大庾岭与岭南接壤，原本无通路，是隔绝江西与广东以至海外联系的重大障碍。秦始皇为了统一岭南，曾派兵进入大庾岭并在此筑关隘，置兵把守，自此成为通向岭南的孔道。至隋唐时，大庾岭道已成为沟通岭南、岭北的交通要冲，但仍极其崎岖难行。大庾岭东路长期废弃，道路狭窄，十分险峻，车轨不能通过，运输只能通过人力。这显然不能满足统一

梅关古道

国家日益发展的政治经济文化的需要。

唐前期，社会经济得到了快速的发展，海内外商品经济交流愈来愈频繁。岭南的广州是全国的大都会之一，又是对外贸易的重要港口。唐代侨居广州的阿拉伯人多达十余万，而其中绝大部分是商人。他们漂洋过海带来了许多珍珠、象牙、玛瑙等细货，同时也希望将中国特产瓷器、茶叶、丝绸等货物运往国外，而大庾岭的重重险阻严重限制了他们前行的脚步。广东亟须与内地加强经济联系，同时唐统治者为了加强对岭南的军政控制，获取经济利益，也需要改善中原与岭南的交通。

开元四年（716）十一月，唐玄宗诏命史张九龄开凿大庾岭驿路。张九龄是韶州曲江（今广东韶关市）人，自然熟悉赣南与粤北的地形，深知其政治、经济地理位置的重要。他不畏艰险地亲自带领当地民众，大力平险拓宽，使得大庾岭路由之前的崎岖不平、道路狭窄变成平坦而能通车轨。

此后，大庾岭成为连接江西赣江与广东北江之间的纽带，大大通畅了南北水陆联运的通道。它不仅保证了岭南地区的贡赋交纳，提高了漕运的速度，而且交通直达海上，商品交流日益发达。

随着大庾岭山道的改善，借助赣江，北接长江航运，南连大庾岭驿路，从广州经洪州（今南昌市）

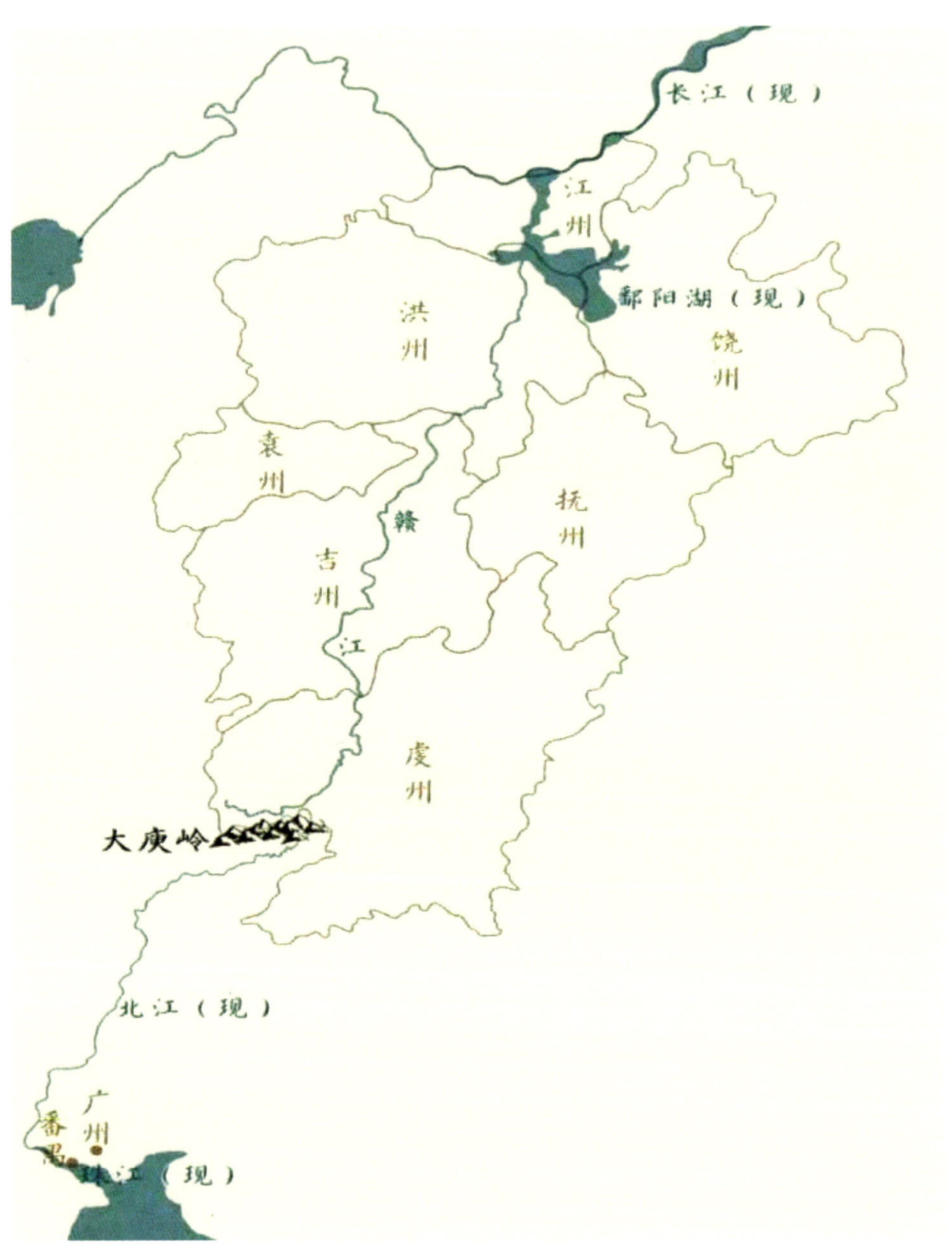

大庾岭位置图

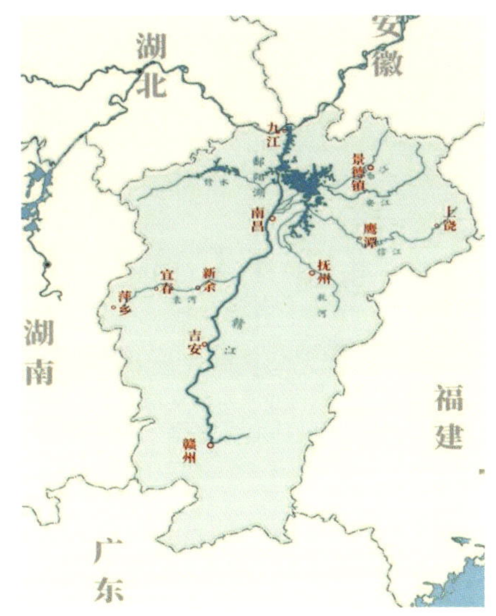

江西五大水系示意图

至扬州，转运河西至洛阳，入关至长安的交通干线便全程贯通，成为中原与岭南的主要交通干线。据《唐大和尚东征传》记载，天宝八载（749），名僧鉴滇第五次东渡日本，中途折回，即由广州乘船至韶州，达浈昌，陆行过大庾岭，又乘船到虔州，住开元寺，至吉州住青原山安隐寺，至江州庐山住东林寺，再至浔阳龙泉寺，然后至九江驿乘船下长江，行七日到润州江宁县。

北宋时期，江西的水陆交通继续得到建设。总体来看陆路交通线路的发展主要体现在两方面：一方面围绕江河航道发展，形成网络；另一方面，随着开发区的扩展，行政区划趋向严密，它自身也在向四周延伸，尤其是丘陵山区，官马大道之外，有了更多的乡间小道围绕，既深入比较冷僻的县乡，又外延边境，拓展山隘岭路，联络福建、广东、

湖南、浙江等相邻的路分，提高了陆路在交通体系中的作用。

大庾岭受到唐末五代动乱的影响，客货流量锐减，杂草丛生，岭路闭塞破败更甚，急需重新整修。北宋嘉祐八年（1063）江西提刑蔡梃、广东转运使蔡抗，两兄弟借职责之便携手共事，开凿道路，使大庾岭再度可以通车马。再次对大庾岭路进行开拓，是北宋经营岭南的大局所促成，而畅通的大庾岭路，为加强中原与岭南的政治、经济联系，发挥了便捷的交通纽带作用。

水路交通在北宋时期亦有所发展。最为重要的是赣江航道的地位，因国家政局趋稳与经济振兴而提高。中原与岭南的交通干线，曾经几次变迁，终于由西向东移到江西。对赣江航道最险阻的“十八滩”（赣县至万安县的380里滩石）进行了整治。嘉祐年间（1056—1063），虔州知州赵抃征调民匠，开凿赣江中的险石，使舟船至此，更觉安全些了。然而，受当时的现实条件限制，险滩不可能根治，

昔日赣江十八险滩“黄泉滩”的西岸就是人们传说已久的夏浒古村

人们身处赣石，仍不免顿生惊恐。聪敏豁达的苏东坡被贬广南惠州，来到万安滩头，触景生情，所赋诗中竟将“黄公滩”改名为“惶恐滩”，生动地演绎出“十八滩”之艰险，而且这一改竟成定局，为社会所接受。文天祥所作“惶恐滩头说惶恐，零丁洋里叹零丁”，他所说的“惶恐滩”便是万安滩头。

总体上看，以赣江为中轴的抚河、信江、饶河、修水五大水系，呈放射状分布，既纵贯南北，又横抱东西，基本覆盖江西全境，13 州军的人流、物流汇聚于南昌，再出湖入江，进入中原州县，直抵京城，商贸交易与政治趋向完全一致。苏轼多次航行在鄱阳湖——赣江水道上，对航道有深切体会，其中《江西一首》写道：“江西山水真吾邦，白沙翠竹石底江。舟行十里磨九泷，篙声荦确相舂撞。醉卧欲醒闻淙淙，直欲一口吸老庞。何人得隽窥鱼矼，举叉绝叫尺鲤双。”诗中反映的心态，是苏轼对江西优良水道的亲切赞美。

南宋时期江西的交通建设继续发展。在陆路方面，为了保证路线畅通，主要道路上设有若干驿站，以便过往人员休息，补充给养，维护驿站是地方官员的一向政绩。例如萍乡县（今萍乡市）地当湘赣孔道，驿站为各方关注。萍乡境内有3个马驿，淳熙七年（1180）孙逢吉知萍乡，重视改善驿站条件。另一位知县赵公廪，保护驿站两旁的老杉树，使过往者得以遮阴乘凉，获得民众好评。

航道也得到了进一步经营。为了保证水路航行畅通，运输安全，朝廷和地方官员积极整修航道，建筑避风港湾，并加强对航道的控制管理。官府对赣江上游的十八滩一再进行了疏凿。鄱阳湖北端星子县境内的一段航道狭窄浪急，当地多次对避风港进行了维修改造。朱熹乘当地旱灾饥荒严重，兴工修葺避风港，“以工代赈”，收到了一举两得之效。经过这次重修加固，进一步提高了港澳的抗御风浪能力，确保航运安全畅通。

南宋时期江西桥梁也得到了大力建设，建桥工程通常由三种力量承担，即官府、佛道、富家。河道上兴建的桥梁很多，已见记载的主要有：庐陵富田邹公石桥、安福县凤林浮桥、临江军新喻县秀江浮桥、建昌军南城县溢溪浮桥、抚州州治浮桥、信州贵溪县（今贵溪市）上清浮桥、信州州治二浮桥、上饶县（今上饶市）美济石桥、虔州章水、贡水浮桥，等等。各地桥梁增加，道路网络趋于完密，

现已废弃的南浔铁路九江老火车站

陆地交通日益便捷，更多地弥补着航道的缺陷，有利于主航道之外的地区，尤其是丘陵山区的商旅往来和货物交流。桥的类别以浮桥居大多数，建桥的主持者以政府为主，资金来源不一，而纯属官库拨付者很少。从时间上考察，这些桥梁大多数建成于南宋中期，反映出江西在时局相对安定以后，社会建设事业得到新发展。

江西重要的区位优势，也推动着航运和造船业发展。航道畅通，漕运量大，各路客商贸易繁忙，对舟船的需求迫切，造船业随之兴盛。吉州、虔州等航道大码头上，从北宋以来即设有造船场，每场差遣监管 2 员，分拨厢兵 200 人役作，制造官府专用的漕船、平底船、暖船、小料船等。官营船场除制造供漕运、客运的舟船之外，还制造过战时的军用车船。各地还有许多民间造船作坊，打造出各种客船、货船、渔船、小划子，适应着大小河流的航道实际，满足了城乡民众出行、商贸之需，其生产能力不亚于官府船场。

清代中后期五口通商之后，全国主要商路发生了改向。一口通商时期，江南及全国各地的商品大多沿赣江—大庾岭商道输往广东出口。五口通商、九江开埠以后，上海很快取代广州成为全国市场重心，各地货物都循着更便捷、更经济的路径流通，全国的贸易格局也随之产生变化。整个国家进出口货物的走向转变为以长江流域为依托的东西方向为主。从一口通商到五口通商，全国经济重心随之发生转移，带来全国贸易格局的根本性变化。这种格局的变化使得江西在全国贸易体系中的地位下降，相应地，江西的贸易格局也产生了变化。

萍乡煤矿的创办和南浔铁路的通车，是晚清江西的两桩盛事，对江西和全国皆有重大影响。南浔铁路始建于1907年，竣工于1916年，它大大改善了赣东北的交通条件，特别是结束了近代江西最主要的两个城市南昌和九江之间仅靠航运联系的历史，也极大地方便了江西人员与物产的进出，对江西政治、经济的意义是不言而喻的。

二、全国商贸的重要交通区域

自秦对百越国用兵开“新道”后，江西开始纳入全国交通网络之中。若以京师咸阳为起点，则自北而南的入越路线大致为：从咸阳出发，过潼关，由洛阳、汝阳折向东南，经南阳沿白河、汉水入长江，再进入鄱阳湖，顺赣江流域谷地，翻越大庾岭，出横浦关（即梅岭关）进入广东，从此江西成为南北交通的中枢之一。正因如此，江西贩运商业迅速发展起来。

隋唐五代时期，江西在全国道路交通网中居于重要地位，不仅在于它地处长江中游，在南部中国的地理上处于相对中心的位置，还在于隋代大运河开通后，江西通过长江水系和大运河交通运输网络，由区域性交通而融入了全国交通运输网络之中，成为福建、广东、广西、湖南等省区通达运河的要道和物资运输的重要集散地。

秦汉时期，都城在咸阳、长安；隋、唐大一统，都城仍然在长安。关中地区在相当长的时间里，是中国的政治中心。但是，随着全国经济重心由黄河流域向江淮乃至江南的转移，政治中心的关中地区距离经济重心的江淮、江南地区逐渐遥远，物资转输更为不便。隋文帝杨坚在关中遭受自然灾害之时，带领政府官员和关中百姓“就食”洛阳，给隋炀帝以重要的启示。所以隋炀帝继位后，营建东都，将政治中心由关中迁往中原。虽然唐朝仍然定都长安，但武则天之后，洛阳政治中心的地位又得到加强。这一变化，彻底改变了中国的政治格局。此后的“五代”，都城不在洛阳就在汴梁（今开封），再也没有回到关中。而元、明、清的大一统，都城均在北京。按理说，北京距离江南，比长安更为遥远，但是，交通的便利，缩短了空间的距离。隋唐以后中国政治格局的变化，正是因为得到了交通格局的支持而巩固，而当时改变中国的交通格局，是运河。

公元 605 年是大业元年，隋炀帝开始营建东都洛阳，同时开始了运河的开凿。运河全长近 5000 里，沟通了海河、黄河、淮河、长江、钱塘江五大水系。人工运河与天然河流的结合，将中国的南方与北方连为一体，彻底改变了东部中国的交通格局。后来的京杭大运河，正是以隋运河为基础的。大运河虽然没有经过江西，但通过长江与运河联系在一起，江西成为大运河开通后得益最多的地区之一。

政治中心东移及大运河开通之前，从政治中心的长安，到海上丝绸之路起点的珠江口，汉水—长江—湘江—西江—珠江为主要运道，但是，随着政治中心的东移和运河的开通，

王勃塑像

运河—长江—鄱阳湖—赣江—章江—北江—珠江成为国内主要的南北通道。这条通道全长2000多公里，贯穿北京、河北、天津、山东、江苏、安徽、江西、广东八省市，江西境内道长占四分之一，而且是必经之道，江西从此成为中国南北交通的枢纽，由长江经鄱阳湖入赣江成为南北黄金水道。在水路比陆路成本低廉、交通顺畅得多的古代，这是海外、岭南与中原联通的最便捷路线。

王勃在《滕王阁序》中称洪洲“襟三江而带五湖，控蛮荆而引瓯越”，当是对大运河开通后江西枢纽地位的真实描述。而王勃从山西龙门老家，赴父亲任职的交阯（今属越南），并返回中原，所经过的正是这条路线。

唐前期，在海内外商品经济和文化交流愈来愈频繁的背景下，这条南北大通道已经开始发挥作用。但崎岖险峻的大庾岭却是这条通道的“中梗阻”。张九龄开凿大庾岭驿路之后，天堑变通途。大庾岭驿路得到历代的维护，加

滕王阁全景

上后世对运河水位调节技术的不断改进，运河—长江—赣江—章江—北江—珠江，全线贯通，成为中原与岭南的主要交通干线。海外运集广州的商货得以越过大庾岭，并经过赣江运抵江淮和北方。因此，作为长江重要支流的赣江航运发展迅速。樟树镇位于清江县赣江东岸、袁水与赣江交汇之处，溯赣江而上可经吉安、赣州而达两广；沿赣江而下过南昌、九江而至安徽、湖北，水陆交通极为便利。唐代大庾岭开通后，樟树镇成为运河—长江—赣江—北江—珠江这条南北主要通道上的重要关口，由此促成了其商业巨镇地位的形成。

总之，大庾岭道路的改善，拓通了珠江和长江水系赣江之间的联系，南来北往的官民僧俗、行侣商贾都在这条交通大动脉上流动不已。江西道路交通显得越来越重要。特别是唐代经安史之乱之后，经由河南的江淮路不太畅通，始于虔州溯赣水而上，越过南岭直到广州的交通干线显得地位特别重要。唐朝人这样认为，赣州居于江西和广东的交界地带，地势险要，是兵家必争之地，赋税也倚重于此。

唐代后期江淮地区经济日益发达，大庾岭路在军事功能之外，文化经济功能日渐增加，因为大庾岭路具有两大优点：一是配合唐代后期以东南为经济重心与广州的外商贸易需要；二是利用便利迅捷的江西内河水道。除大庾至浈昌有九十里陆路外，皆以水运减轻负担，且此段陆路多山间旷谷，较诸郴州路山岭险阻便捷许多。简言之，大庾岭道的开通，使江西不仅与广东、海外的联系加强，而且与中原地区的联系也更加紧密，是唐以来江西经济文化发展的一个重要契机。

及至北宋，江西地区成为中原与岭南交通干线的中段区域。秦汉时代，中原至岭南的主要线路是走湖南衡州（今湖南衡阳市），取道西南的永州（今湖南永州市），过灵渠，至桂州（今广西桂林市）而达广南各地。魏晋以后，主线东移，改由衡州朝南直下郴州（今湖南郴州市），翻过骑田岭至韶州（今广东韶关市），而达广州。唐朝中期开始，再次东移，改为走鄱阳湖—赣江航道，至虔州，转入赣江的西南支流——章水，至大庾县，翻越大庾岭，进入广东南雄县，再由浈水至韶州，入北江而达广州。这条贯通南北的交通大动脉东移江西，至北宋以后，已经稳固地确立下来。

到了南宋，江西东西交通要冲的地位进一步提升，形成了以赣江为轴心、以信江和袁水为横干的十字形交通网络，鄱阳湖—赣江航运成为南北交通干线，京师临安与大西南的联系则主要通过赣东北的信江、赣江中段和西边的袁水所形成的东西交通干线。此外，东南西三面连接福建、广东、湖南的山间隘道进一步畅通，分宁、武宁是通湖北的要冲，婺源、浮梁是通安徽的要冲。来往都以水运为主，陆路处于辅助地位。随着桥梁数量增多，道路网络趋于完善，过往交通更加方便。交通工具以舟船为首要，陆行则坐轿或骑马。当时人称“豫章为四通五达之冲”，实为交通枢纽之地。

“运河—长江—鄱阳湖—赣江—章江—北江—珠江”这一水道在相当长的时间里，也是沟通南亚海外的主要通道。南海和南亚的许多物资，正是经由这一通道运至洛阳、汴梁、北京，许多海外商人也是经由这一通道进入中原，因此晚唐以后江西也有许多外国商人活动。明代，在海上与世界各国通商贸易日趋发展，是我国海上航路发展的鼎盛时期。明政府曾七次派郑和下西洋，谋求海上与各国的通商贸易，促使沿海地区对外贸易得到发展。然而，明政府又厉行闭关的海禁政策，对外开放港口基本上只限广州一地，明太祖更令“片板不许下海”，这一黄金水道成为与海外往来的唯一合法通道。虽然海上的走私活动从来没有真正被禁绝，一直到清朝中期，这种格局并无大的变化。

明代嘉靖六年（1527），王阳明以南京兵部尚书兼左都御史，总制两广及湖广、江西军务，往广西平息瑶民闹事，所选择的往返路线便是这条水道。万历时期，著名的意大利传教士利玛窦进京，整个行程就是珠江、北江、大庾岭、章江、赣江、鄱阳湖、长江、运河的实践。乾隆五十五年（1790），安南国王阮光平进京朝见，清政府为他规定的也是这条路线：由广西入境，经广东、江西北上。正是这条南北通道，为江西提供了快速的大格局，江西开始成为中国经济文化的发达地区。

历宋、元、明、清一千余年，虽然东南沿海交通日益振起，增加了中原与岭南的沿海交通，但是南北交通大动脉仍在江西，基本格局依旧未变。直到鸦片战争，五口通商，广州对外贸易中心的地位，让位于上海，经由赣江—大庾岭的商货急剧减少。第二次鸦片战争之后，列强进一步深入中国内地，外国轮船在长江自由航行，对中国的商品倾销与资源掠夺，主要经由长江直接进出；我国出口的丝、茶等物的运输路线随之改道，税款由上海的江海关征收。至此，赣江—大庾岭干道急剧衰退，“向之冲途，今为迂道，货不至，税大绌”，失去了交通区位优势。

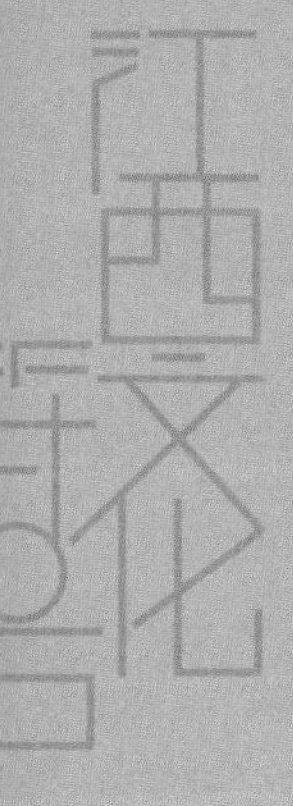

第三章　商业之盛

SHANGYE
ZHI SHENG

江西拥有优越的地理环境和丰富的自然资源及劳力资源，是中国有名的资源大省，素来有“鱼米之乡”的美誉。历史上江西一直是稻米的主要产区。随着粮食产量的提高，生产技术的进步，农业生产结构逐渐摆脱单一的局面而趋向多元，江西的商品粮得到了较快的发展。经济作物的生产，如茶叶、苎麻、棉花、蓝靛、烟花、甘蔗等经济作物，无论是其种类、质量，还是分布区域、种植面积都有较大的提升和扩张。江西瓷器、造纸以及矿冶的技术也得到了不同程度的发展。江西粮食、经济作物、手工业与矿业商品化程度高，加之有利的交通格局，江西所产的商品流通于全国各地。

一、商品生产

商品粮生产

江西地处长江中游地区，属亚热带气候带，平原、丘陵、山地交错，江河湖泊纵横。其中水、热、土等自然条件均较优越，自然物产丰富，适宜于粮食作物的种植和多种经济作物的栽培，农业经济发展的前景广阔。

从吴到晋，江西接纳了大量的中原移民；从东晋开始，江西成为重要的粮食输出地。在萧梁时期，三大粮仓即为豫章仓（在今江西南昌）、钓矶仓（在今江西都昌）和钱塘仓（在今浙江杭州），不但长江下游的建康粮食仰给于江州，上游的荆州将士的军粮也依赖江州供给。

自隋唐以来，随着北方人口的大量涌入，生产关系的调整、劳动力的增多与生产技术的进步，江西的水利建设、土地垦殖、粮食和经济作物种植等，取得了令人瞩目的成就，农业商品性生产水平亦得到较大提高，特别是鄱阳湖区圩田建设和丘陵山地开发，先进的曲辕犁（江东犁）、秧马及筒车的普遍使用，使得水稻栽培技术水平及生产率进一步提高。江西不但成为全国著名的稻作区及粮食供应地，并且因此而确立了自己在全国经济重心南移中的重要地位。在安史之乱后，江西为唐王朝财赋重心之一。

北宋时期，江西农村普遍栽种早稻、晚稻，早稻之中新增占城稻。适宜旱地栽种的小麦等旱作物也逐渐推广开来。早稻、晚稻都是一季稻，不是双季稻，是指两垢田里成熟期早晚不同的稻。一般情况下，早稻在农历五月收割，晚稻要迟至农历十月，因此晚稻又称迟禾、大禾。占城稻是早稻中的新品种，于宋真宗（赵恒）时传入，迅即传播于江西农村。种植小麦、杂植五谷，在各州县农村已经常见，是粮食生产中的新成果。

随着梯田的广泛垦辟，旱地也相应增多，小麦等旱作物跟着也推广开来。各种粮食作物的扩增，使得江西农业再次得到显著发展。从整体上看，江西州县生产的粮米，不仅满足了本地约 200 万户民众的口粮需求，还有大批运销外地，如商贾会到吉州等地贩运稻米，江西提供粮米救济两浙地区等。这些事例告诉我们，北宋时期的江西已是重要的余粮大区，是朝廷赖以赈济饥民的大户。官府向江西征取的漕粮数额也相当巨大：宋代每年从东南六路漕运粮食 600 万石，北宋时期江西输纳漕粮 120 万 ~ 180 万石，南宋时期更不下 200 万石。漕粮重赋，是江西农民做出的重大贡献，同时又是从未脱却的沉重负担。它映现了江西粮食农业旺盛，稻米产量巨大的境况。重负与旺盛，相互激荡，使江西作为国家的农业基地非常牢固地确立下来，持久发展不衰。

南宋时期，由于梯田广泛垦种，播种面积扩大，以及小麦种植日益普遍，江西地区在南宋继续保持着粮食丰足的经济优势，其生产的粮食不仅供本地百姓食用，同时还会向周边州县供应粮食，定期向官府输送漕粮。浙江西路的太湖地区、荆湖南北路之间的洞庭湖地区，都是盛产粮食的富庶之乡，但当灾荒降临的年份，也需要鄱阳湖地区的粮食接济。例如绍兴十四年（1144），浙中发生饥荒，江西往返各地的商贩一起发粮救灾，因此得以活下来的人

鄱阳湖平原

不计其数。而徽州地区多山，林产品丰盛而粮食不足，口粮供应经常紧张，也需要仰赖鄱阳湖区粮食补充。

元、明、清三代，江西当地的民众继续向丘陵山地、河谷湖泊开辟耕地，进一步加强了江西水稻主产区的地位。元代朝廷推行重农政策，加上元中期后，江西社会维持了半个世纪左右的基本安定，百姓安宁，部分地方官员又非常重视农业生产，因此，与农业生产相关的田土垦辟、水利兴修、农技推广等事业相继得以恢复和发展，江西成为元代重要的粮食生产地。明中叶以后，中国南方水稻生产的基本格局已经由“苏湖熟，天下足”转变为“湖广熟，天下足”。所谓“湖广熟、天下足”之“湖广”，其实包含江西在内。因此，江西与湖南、湖北共同构成了当时中国最大的商品粮供应地。

江西输出的商品粮，一方面是满足江南地区即南京和苏、松、杭、嘉、湖等经济发达地区的需求，特别是要满足这些地区的城市需求；另一方面是满足京师北京的需求。在清代国家的漕粮供应、战争与灾害时期的区域粮食协济乃至平常年份区域之间的粮食贩运贸易当中，江西的粮食生产与输出依然发挥了极为重要的作用，九江成为中国“四大米市”之一。

以粮为主，多种经营，一直是江西传统农业的基本产业结构。水稻之外，江西的麦、豆等作物也有一定的种植。

上饶灵石梯田

赣州市崇义县上堡梯田

明末清初，番薯、玉米等高产作物在江西山区的推广种植，加强了江西作为粮食生产基地的地位。而茶叶、苎麻、棉花、白莲、百合等经济作物的种植以及生猪的饲养、鱼类的养殖，则使江西的农产品商品化在全国范围内居于先进地位。

经济作物生产

在农业社会中，江西的地理形势、土壤、气候等，适宜于茶叶、果树、油茶、竹木、麻桑、蔬菜、草药等多种经济作物的种植，农业多种经营的条件比较优越。不过江西农业的多种经营，起步却比较晚。秦汉时期，民众仍主要是“火耕水耨”，捕鱼捞虾，过着以稻米为饭、以鱼类为菜的的生活。直至六朝末，这种情形也没有得到大的改观。隋唐以来，粮食业的发展，为经济作物的种植提供了良好的条件；商品经济的兴盛，又促使了经济作物的进一步发展。随着山地开发的逐渐深入，地处粮食生产条件不太好的丘陵山区，种植以茶叶为代表的经济作物以补充粮食生产，就成了这些地区人们的必然选择。此外，统治者的赋税征收重视“土贡”的政策措施，也极大地推动了各种经济作物普遍种植。古代江西地区获利较厚、影响较大的经济作物，主要有茶叶、苎麻、棉花、烟草、蓝靛、甘蔗等。

（1）茶叶。茶是中国古代久负盛名的经济作物。据史料记载，唐代江西八州中即有袁、吉、饶、江、抚、洪、虔等七州产茶，其中饶州、吉州为贡茶产地，洪州有西山之白露茶，与含膏、紫笋一类名茶并列，且以饶州浮梁县最为有名。自唐代开始，江西饶州浮梁县即为全国著名的产茶中心及茶的集散地。

宋元时期，江西茶叶的产量和品质仍然在全国处于重要地位。洪州、饶州、袁州、吉州、九江、抚州、虔州，处处产茶，而且都是重要的产茶片区。宋代的洪州，年产茶量达 278 万斤。浮梁所在的饶州，继续保持着产茶的规模并且品质上乘，名为“鸟衔”的贡茶，尤为著名。但是，贡茶也给当地民众造成沉重负担。因此，为贬知饶州的范仲淹，上奏请求罢贡。后人在范仲淹祠堂题诗云：“一章免奏鸟衔茶，惠及饶民几万家。遗老至今怀德政，为余谈此屡咨嗟。”

明清时期的江西茶业与唐宋时期相比较而言，明显的

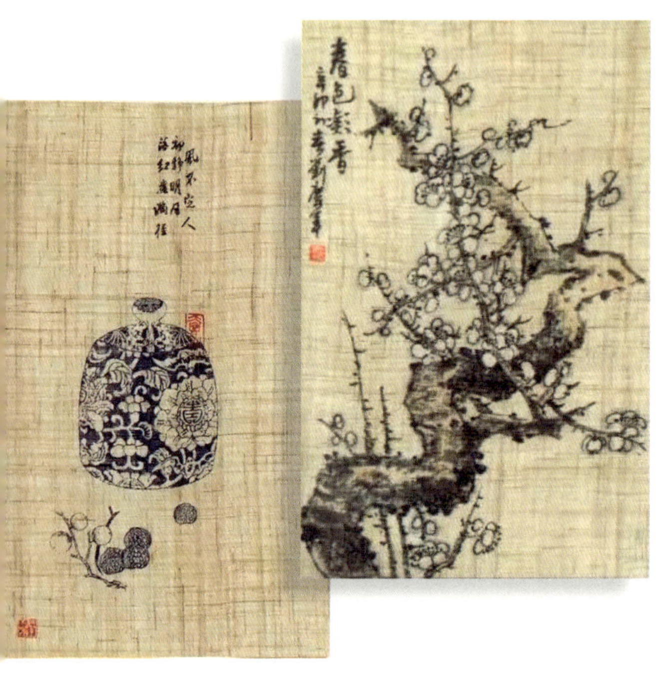

万载夏布制成品

领先地位已逐渐消失，但仍不失为主要的产茶及茶叶输出省。据史料记载，当时的主要产茶地有：南直隶的常州、庐州、池州、徽州四府，浙江的湖州、严州、衢州、绍兴四府，江西的南昌、饶州、南康、九江、吉安五府，湖广的武昌、荆州、长沙、宝庆四府，四川的成都、重庆、嘉定、夔州、泸州五府。清代江西著名的茶叶生产区主要有两个：一是赣东北广信府的铅山等县，所产称“河红”，二是赣西北南昌府的修水等县，所产称“宁红”。这两个茶区的兴起在明末。

（2）苎麻。早在春秋时期，江西就已种植苎麻；到唐代，万载的夏布被列为贡品；北宋时，虔、袁、筠三州及南安军均有夏布上贡的定额。明孝宗弘治十五年（1502）和神宗万历六年（1578）的夏税中，夏布征收额为1341匹，皆在江西。可见江西夏布在当时是颇负盛名的。江西的苎麻及夏布生产在明清时期达到鼎盛，与高产杂粮的种植一样，很大程度上是人口流动特别是闽粤流民进入山区带来的结果。江西苎麻及夏布的主要生产区有三处：以宜春、万载为中心的赣东北地区，以石城、宁都为中心的赣南地区，以宜黄、临川为中心的赣东地区。这些地区大都是闽粤流民特别是福建流民聚居之处。

（3）棉花。元朝以后，棉花种植在江西更为广泛，棉布的产量相应增多。明初曾经以政府干预的方式推广棉花的种植，故棉花种植遍及江西各地，但基本上属于男耕女织式的自给生产，不具备商品的意义。而且，任何一种作物都有其特殊的环境要求，棉花也需要一定的海拔高度、适当的雨量、适宜的气温等。据史料记载，安福县就根据本县的种植情况，得出了种植棉花的认知与经验。经过实践，江西的北部、中部地区形成了一定的棉花种植规模，并投向市场。大致上说，苎麻与棉花各擅胜场，苎麻多者棉花少，棉花多者则苎麻少，这也是气候水土使然。

“中国茶叶之乡”江西遂川县陆羽塑像

（4）烟草。烟草又称蔫、菸，是明代后期从日本、菲律宾传入我国的重要经济作物。江西种植烟草，始于明末天启、崇祯时。境内与福建相邻的赣州府属石城、瑞金二县，广信府属广丰、玉山二县，建昌府新城、广昌二县，是福建流民较早落脚的地方，也是省内最早和大面积种植烟草之处。在福建流民的影响下，瑞金县的土著居民多改稻田为烟田，致使“膏腴之亩，半为烟土，半为稻场”。据乾隆《石城县志》记载，石城开始种植烟草始于明清易代的崇祯、顺治之际。但石城所产烟又不如瑞金之多。广丰、玉山是江西的又一烟草产区，且形成了广丰种烟、玉山制烟的格局。建昌府新城县是江西中部入闽的必经之地，也是赣粮入闽、闽盐入赣的主要通道，因此，商业繁荣，受经济利益的驱使，遍种烟草。其他重要的产烟区还有整个赣州府，因与福建省接壤，从而种植烟草的人众多，种植区域大，如于都县、信丰县以及兴国县。

（5）蓝靛。蓝靛是蓝草的加工物。蓝草为可染色植物，经过加工泡制后，成为可用作染布的“淀”，即水性颜料。由于多为青色，于是名为“靛”，或称蓝靛。随着棉、麻纺织业的发展，对染料的需求也迅速增加，以往并未引起人们太多重视的蓝草，遂成为许多地区重要的经济作物，种蓝制靛也成为江西一些地区农户的重要生计来源。

在成化末福建汀州的良种引进之前，江西也有蓝草资源，但品种不佳，产量又少，所以“色虽淡而价甚高”。而国内最大棉织业中心松江一带的蓝靛，也是由福建引进。成化时，江西泰和所种福靛，尚属引进品种。福建、广东流民进入江西山区之后，则连人力带技术转入江西。在江西，哪里有夏布或棉布生产，哪里就有蓝靛的种植。赣南无疑是江西蓝靛生产的主要地区，兴国、宁都、安远、龙南、赣县等地都有大量种植蓝靛的记载，而“赣邑尤多”。赣西北蓝靛的生产与福建移民有密切联系，其中以万载县的天井埚最为出彩。

（6）甘蔗。甘蔗是一种获利较大的经济作物，本产广东，由广东移民带入江西。江西的赣南、赣东及赣东北等地种植较为普遍。赣县、于都、信丰是产蔗大县。《齐民要术》中记于都甘蔗品种好，宋代乐平已出产“蔗糖沙”。甘蔗与长生果（花生）是南康的两大特产，因此，南康县与其他县相比较而言，更为殷实。同时，《赣县志》记载道，江西的漆种也来自福建。赣西北各县油茶种植历史较长。以油桐为例，油桐用于榨油，其作用，一是直接施于木器，使其经久耐用；二是用于调漆，调漆必须用桐油。江西、湖南是在明清时期少数几个能够提供大量木材而又交通较为便利的省份，故而又是造船大省。造船需要大量桐油，所以这里的山区也就多种油桐。其他如吉安、吉水的薄荷，广昌、广丰的莲子，南丰等地的柑橘，皆为重要的商品。

元青花凤穿花纹玉壶春瓶

元青花缠枝牡丹纹罐

明正统景德镇窑青花狮球纹大盘

手工业生产

（1）瓷器

由于在昌江的南岸，景德镇初名为“昌南镇”，隶属浮梁县，浮梁县则隶属饶州府。所以，景德镇是江西“省”饶州“府”、浮梁“县”下的一个“镇”。但是，这个“镇”后来不但吞并了“县”还盖过了“府”。

在江西历史上，景德镇的知名度与陶瓷紧密相连。景德镇的古瓷创造了拍卖史上的最高纪录，景德镇最有名的当属元青花，每一件都价值连城。1915 年，在美国旧金山举行的首届巴拿马万国博览会上，景德镇陶瓷泰斗王大凡的一件落地粉彩《福禄寿》获金奖。

一些人群中只知有景德“镇”而不知有江西“省”。究

明正统景德镇窑青花云龙纹大缸

其原因，是景德镇出产的一件物事，与中国有近乎相同的英文“china”。这件引景德镇扬名的物事，只有一个字：瓷。

因为制作瓷器精良，宋真宗以其“景德”年号为名，改“昌南镇”为“景德镇”，此名沿用至今。景德镇地区的制瓷业，相传始于汉代，到唐初已声名鹊起，所制瓷器有“假玉器”之称。武德年间，入贡朝廷，于是“昌南瓷名天下”。五代时期，景德镇烧造出了白瓷，成为南方最早烧造白瓷之地，打破了“南青北白”的格局。

包括瓷器在内，人类的所有伟大发明，基础都在民间。但是，这些伟大的发明要在质量上得到突破和提高，离不开政府或财团的投资。而大凡著名的手工业品，又几乎都和贡品有不解之缘。江西制瓷业的真正发展是从宋真宗景德元年（1004）设景德镇，遣官制瓷开始的。此后，景德镇开始集中各地制瓷名家吸收各大名窑的技术和经验，所产瓷器以“洁白不疵”而获“饶玉”之称，与真定红瓷、龙泉青瓷鼎立，为三大名瓷之一，真正开始与其他名窑一争高下。景德镇由此开始了千年的兴旺繁荣，经济、政治地位迅速提高，“饶州瓷”“浮梁瓷”的称谓被“景德镇瓷”所替代。

宋元之际，随着吉州窑窑工的大量迁入和高岭土的开发利用，景德镇瓷业在工艺技术上得到更为迅速的发展。元代，景德镇成功地烧造了青花、釉里红、卵白釉瓷和高温颜色釉瓷，这是陶瓷史上具有里程碑意义的成就。尤其是青花瓷烧造的成功，更使景德镇瓷器抛开了其他所有名窑而在全国独占鳌头。

到明代，景德镇当之无愧成为中国制瓷业的中心。当时人们的记载，使我们至今犹可想见景德镇当年繁盛的面貌："江西饶州府浮梁县，离二十里许为景德镇，官窑设焉，天下窑器所聚，其民繁富，甲于一省。……火光烛天，夜使人不能寐，戏之曰四时雷电镇。"宋应星的《天工开物》也说中国出产精美陶器只五六处，但江西景德镇出产瓷器最多。

只要是官窑制品，都会冠以帝王年号。明代各朝瓷器有不同的风格，水平也有高下，而以宣德窑、成化窑的成就最高，永乐、嘉靖诸窑次之。宣德时期的官窑制品以青花瓷最为精致，胎用麻仓土，洁白细腻；青花釉料则是郑和下西洋的部队从海外带来的苏渤泥青，色泽明亮，青翠艳丽，浓则浑然庄重，淡则鲜浅雅致。"祭红"是宣窑器的又一绝品，釉汁浓厚、色泽鲜艳，泛出宝光，是为效坛祭器所创的颜色。成化窑器的五彩瓷优于宣窑，画工的技法高超。"五彩"又称"斗彩"，用料精纯，制品推为明代釉上彩瓷之首。一度引起轰动的"斗彩鸡缸杯"，正是成化窑的代表之一。相传斗彩鸡缸杯是明宪宗朱见深专门为万贵妃烧制的，数量极为稀少，只有两人相坐的时候才会拿出杯子对饮，这些鸡缸杯是他们两个爱情的见证，也是古往今来的至宝。

此外，永乐、嘉靖诸窑也有佳作，例如永乐窑的甜白薄胎瓷，薄如“卵幕”；嘉靖窑注重装饰艺术，五彩瓷有内外夹花、锦地、两面彩图案，采用以花捧字、捧八宝的彩饰手法，形成富丽繁缛的风格。

当年，景德镇的瓷器被称为“衣被天下”“施及外洋”。而要真正“衣被天下”“施及外洋”，光靠官窑显然是不够的，需要民窑的崛起。景德镇的民窑一面承受官窑的欺压，一面又受到官窑的促进。官窑的物质资料和技术力量自然是从民窑征发，而民窑的技工也通过官窑的不计成本而不断创新，并将新的发明和创造推广到民窑，形成了官窑和民窑之间的相互促进。民窑无论是产量和质量都有了巨大的提升，从业人数急剧增加。根据官窑对民窑“三窑出一”议编民匠的做法，可以推断出，明后期总计约有民窑 900 座。如果以每窑每天烧造瓷器千余件、每年烧 40 万件计，景德镇民窑年产瓷器当为 36000 万件。按时价折银，约为 1800 万两。而在嘉靖十九年（1540），据记载民窑的从业人数就已经过万，万历时期更是扩大为数万人。

清代是我国制瓷史上的黄金时期，景德镇制瓷业的发展也处于鼎盛时期，制瓷技艺达到了炉火纯青、出神入化的地步。特别是康熙、雍正、乾隆三朝盛世，景德镇制瓷

明成化斗彩鸡缸杯

业在器型、釉彩的工艺制作方面，都达到了历史最高水平。

清代除继承传统器型外，还创烧出大量新器型。在釉色方面，发扬并完善了明代传统的青花、五彩等品种，同时创烧出了粉彩、珐琅彩、古铜彩和多品种的单色釉。康熙时期开创了以督陶官姓氏为窑名的先例，而臧窑（臧应选督造）和郎窑（郎廷极督造）成为著名瓷器的品名。雍正时期的珐琅彩与粉彩最为发达，如著名的年窑（年希尧督造），产品极其精雅，既仿古又创新。乾隆时期的彩瓷和单色釉瓷都达到极高水平，尤其是乾隆本人对瓷器狂热爱好，精于鉴赏，这就把制瓷工艺推向历史的最顶峰。在诸窑之中，以乾隆时代的唐窑（唐英督造）最负盛名。新奇制品层出不穷，鬼斧神工，令人叹为观止。新品固然层出不穷，但仿制的古代名器，也达到以假乱真的程度。

清乾隆粉彩“万寿连延”葫芦瓶

清康熙宝石红郎窑尊

清雍正瓷胎画珐琅柳燕图碗

清乾隆各种釉彩大瓶（瓷母）

清乾隆粉彩“万寿连延”葫芦瓶

（2）造纸

宋应星所著的《天工开物》两次提到广信府铅山的造纸术。一是铅山的柬纸，全用细竹料厚质荡成，最上者称“官柬”，往往是供富贵之家通刺（如现今名片）所用。二是广信所造的楮纸，长过七尺，宽过四尺，五色颜料先滴入槽内和成，不用再次染色，因此皮料坚固不易断，往往供内宫糊窗格使用。

江西山林覆盖面积大，又是产粮大省，竹木、稻草等造纸原料十分丰富，加以江西又是传统的文化大省，教育、科举发达，纸的需求量大，因此江西造纸业在全国处于领先地位，铅山的造纸就为其中之一。

虽然东汉时期蔡伦就发明了造纸术，但纸张至少在隋朝以前还是属于“奢侈品”。随着经济文化的进步，隋唐五代以来造纸业得到了显著的发展，造纸材料丰富的长江流域出现了不少的造纸中心。也就在这个时期，江西吉州生产的陟厘纸、信州生产的藤纸开始闻名于世，在唐开元、元和年间被列为贡品。陟厘纸即苔纸，以水苔为原料制成，纹理纵横斜侧。此外，据李肇《唐国史补》记载，临川生产的滑薄纸，也是全国名品纸之一。而据段成式的《酉阳杂俎》记，他在咸通年间任江州刺史时，于九江造云蓝纸，将其送给好友诗人温庭筠 50 版，以为写诗填词之用，可见当时的造纸技术已经十分普及。

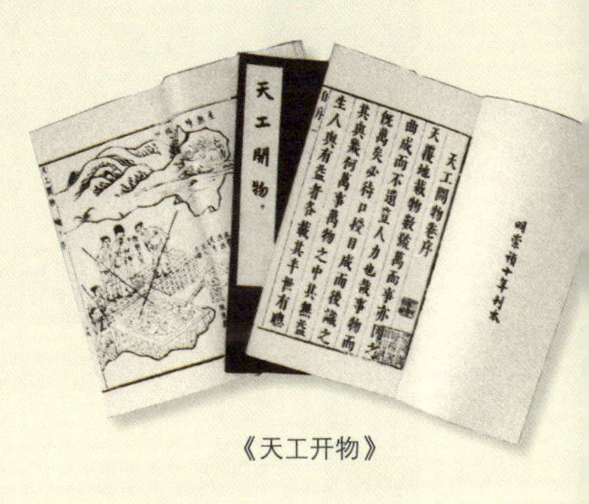

《天工开物》

江西的造纸业在两宋及元代得到新的发展，吉州、抚州、信州、南康军等地，都有名品纸张出产，如吉州的竹纸、南康军的布水纸、金溪县的清江纸以及抚州的茶杉纸、牛舌纸等，都是文人常用的好纸。抚州崇仁县、宜黄县出产的牛舌纸，以稻草为原料加工制成。抚州还有一种捭纸，也是刻印书籍的适用纸品。

明代前中期的主要纸张产地，都在江西、

山居天工图

上饶铅山连四纸的制纸过程

浙江、南直隶等地。连七纸、观音纸为江西南昌西山官局所造，奏本纸由江西铅山纸槽所造，小笺红由江西临川纸槽所造。另外，有榜纸，造于浙江及南直隶；大笺纸，造于浙江上虞；笺纸，由南直隶徽州府所造。明代后期的各类纸张有：竹纸，以毛竹为原料，皆产于南方各省；火纸，以稻草为原料，盛产稻谷的江西、湖广所产最多；包裹纸，以竹、麻粗料加宿田晚稻藁为原料，也产于江西、湖广，既粗且厚，故专用于包裹物品；柬纸，这是优质纸，主要产于江西铅山、玉山等县；皮纸，又名绵纸，产于江西、浙江等地。

广信府既是明清时期江西造纸业的中心，也是全国的

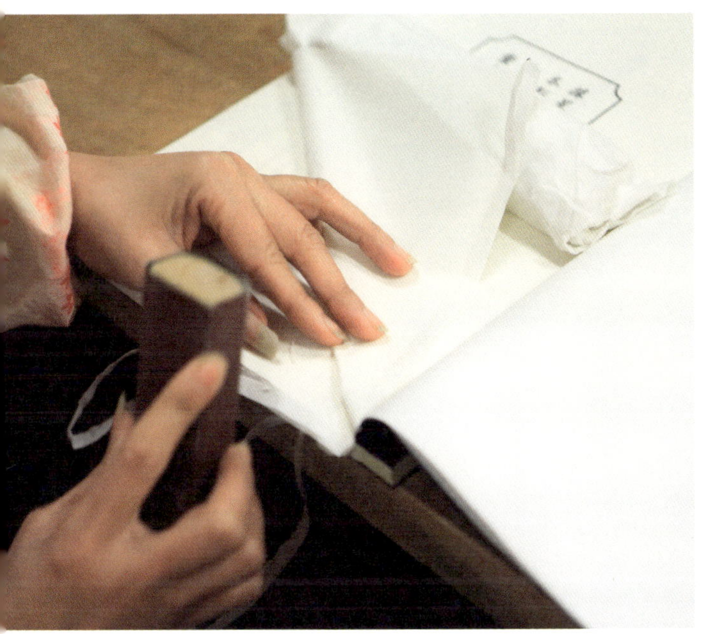

连四纸书籍手工装订修边

造纸中心，主要有楮皮纸、白鹿纸、高帘纸等品种，其中楮皮纸原料来自湖广，玉山、永丰（今广丰，下同）造；白鹿纸由铅山、贵溪造，而产于铅山者更佳；高簾纸俗称篷纸，由铅山造。广信府的槽房，明初最早出现在玉山，后发展至永丰、铅山、上饶等县。玉山槽房，多在峡口（今横街乡）等处；永丰槽房，则在柘杨等处；铅山槽房，在石塘、石垅、陈坊等处；上饶槽房，则坐落在黄坑、周村、高州、铁山等处。这些造纸中心，皆位于山间溪流上源，清流湍急，漂洗舂捣纸料便利。到嘉靖后期，广信府的纸槽数量达600座以上，其中，玉山500余座，永丰、铅山、上饶三县共100余座。纸槽规模少者“可容百数十人”，多者“动以千计”，皆雇工生产。

如果按600座纸槽，每座雇工匠平均100～200人计，汇集在这里的造纸劳力当在10万人左右。他们各献技能，按日计酬。槽户（作坊主）与雇工之间，显然是雇佣的关系。所以，纸槽的建立及其雇工组织生产的活动，是民间自发经营，不是政府官营。本省吉安等地商人及徽商参与了纸的原料及成品的贸易活动。

槽户多、规模大、民间经营、雇工生产，是明中后期广信府纸生产的基本特点，而铅山更成了江西乃至全国最重要的纸品生产基地。铅山的造纸业，与景德镇的制瓷业、苏杭的丝织业、松江的棉织业、芜湖的浆染业，并称为明代五大手工业中心。铅山的造纸作坊主要集中在石塘、陈坊和横江，时有“石塘京放、陈坊连史、横江毛边”之称。至明万历时，仅石塘一镇，每年产纸4500多石，其中有200多石被官府收购作为奏本纸。到清初，石塘一带槽户已发展到近千家，有万余人造纸，年产量15万担。

此外，吉安府的毛边纸，也是纸张中的名品。以嫩竹为原料，易着墨，印刷清晰，经久耐用，为毛边纸的特点。“毛边纸”之名，起于晚明。当时南直隶常熟人毛晋的汲古阁刻印十三经、十七史等

石塘古镇

典籍，特派人来江西选纸，吉安泰和等县出产的竹纸被选中。因选中的竹纸都在纸边加盖篆体“毛”字，遂有“毛边纸”之称，其名沿用至今。

矿业生产

江西的冶铜业源远流长，远在商周时期，江西的先民们就创造出灿烂的青铜文化。樟树吴城商代遗址前后经过10次考古发掘，发现了城墙、祭祀场所、房址、窑址等众多遗物，出土了石器、陶器、青铜器和铸造青铜器的石范等文化遗物4000余件，说明吴城是与商王朝处于同一社会发展阶段的方国，吴城文化是江南青铜文化的重要代表。瑞昌铜岭发现的颇具规模的殷周铜矿开采冶炼遗址，是目前我国发现的开采历史最早、延续时间最长、出土文物最全的矿冶遗址。新干大洋洲商代大墓的惊人考古发现，更是震动世界。大墓出土文物千余件，其中青铜器475件，分为礼器、乐器、兵器、艺术品、生活器具、杂器六大类，其数量之大、品类之多、造型之奇特、纹饰之精美、铸工之精巧，不仅为江南之冠，也为全国所罕见。大洋洲商代遗址的发现，证明了江西堪称“长江中游古代青铜王国”，是青铜时代又一重要的文化中心。

汉唐时期，铜钱为主要货币，冶铜业的发达，

伏鸟双尾青铜虎

双面神人青铜头像

商代活环屈蹲羽人玉佩饰

与铸钱业紧密联系在一起。这个时候，即是中国冶铜业的重要发展时期，江西在其中占有重要的地位。信州铅山场、韶州岑水场、潭州永兴场为宋代三大铜场，江西铅山场居其首。饶州永平监、江州广宁监、池州永丰监、建州丰国监为宋代四大铸钱中心，江西有其二且饶州永平监居其首。当时永平监铸造的铜钱达61万贯，占全国总额的12%，加上江州广宁监以及抚州裕国监、临江军丰余监和赣州铸钱院等处所铸的钱币，为数更多。除官铸外，私铸铜钱也很盛行。这样，先进炼铜技术在江西产生就不足为怪了，这项发明由《浸铜要略》记载下来。发明人和著作者，是江西德兴的张潜。

在耕读治家并以取得“功名”为荣的江西，张潜虽然喜读书，却始终是饶州府德兴县的“布衣”（平民），因而也有江西“布衣”的特点，关心各种技艺，又曾往当地铜场做冶炼工。在长期矿产冶炼的实践过程中，张潜和他的伙计们利用硫酸铜溶液浸铁，使其产生化学反应，将铜析出，被称为“浸铁炼铜术”。根据实践，张潜将总结出来的比较完整的胆水浸铜工艺，用文字记载下来，在宋哲宗绍圣年间（1094—1098）写成湿法炼铜专著《浸铜要略》，命其子张甲献给朝廷。朝廷将此法下发于诸路铜场。此后，信州铅山场、韶州岑水场、潭州永兴场及德兴兴利场等矿场，均全面推行此技术，获得了很大的效益。胆水浸铜技术的成功运用和张潜《浸铜要略》的问世，是当时中国对世界化学史和冶金史的重要贡献。

鹿耳四足青铜甗

明朝前期，官府设立的铜场只有江西的德兴和铅山两处，后来才在云南、山西、陕西和四川等地设立铜场。矿冶业特别是铜矿的发展，为铸钱提供了充足的原料，使当地的铸钱业很快发展起来。明代初年，江西铸钱数占全国总额的 37% 以上。明成化年间，御用监太监钱能镇守云南时，云南永昌生产出了一种“料丝灯”，以紫石英、赭石等矿物质为原料，主要是江西商人在这里进行开发和经营。清乾隆十七年（1752），兵部侍郎陈宏谋疏陈：“云贵铜铅银锡等厂，工作贸易，多系江、楚之人。”江、楚之人自然指江西、湖广（包括湖北、湖南）的商人。而自明至清，江西商人能够长期在西南矿冶业工作贸易，没有过硬的技术是不可能实现的。

江西的青铜采冶和铸造技术不仅在很长时间居全国先进水平，冶铁铸铁的技术也进入全国先进行列。1976 年，新建县大塘赤岸山战国遗址出土的一扇铁质斧范，是先进铸铁技术的有力证据。在宋代江西的各铁场中，以抚州东山场、信州弋阳县的产量最高，运出的数量为 10 万斤以上。信州冶铁的技艺水平高超，制造的钢刀名扬天下。明洪武时期，政府在江西、湖广等地设 13 个铁冶所炼铁，每年征收铁课 800 万斤，而江西进贤、新喻、分宜 3 个冶铁所，每年合计冶铁 325 万斤，占总数的 40.6%。

据《新唐书·食货志》记载，全国产银有六州，饶州、信州居其中，饶州更为全国最大的白银产地。元和年间，

宋应星塑像

饶州乐平县（今属景德镇市）银山年产银10万余两，收税7000两，占全国银税的58%。现存的银山银矿遗址位于德兴市银山铅锌现代矿区境内，是我国迄今发现的最早一处采银、冶银遗址，也是已知我国最大的一座古矿冶遗址。而现存的上高县蒙山银矿遗址，则是目前国内发现的保存最完整的银矿遗址，开采于南宋后期，元代进入鼎盛阶段，每岁铸银500～700锭，居元代各银矿产量之首。

经过唐、宋、元三代的开发，江西的铜、银等矿产资源大抵被挖空，而此时恰逢“移民”大潮，大批的江西矿商和掌握着矿冶技术的工人、农民大量涌入矿产资源丰富的西南诸省，从而形成西南矿业多操于江西商人之手的局面。而宋应星能够完成《天工开物》，既是因为有同时代“乡人”的帮助，又与历史上江西发达的矿冶技术、手工业技术的积淀有关。

二、商品流通

得益于江西古代良好的地理环境和发达的农业、手工业，江西粮食、经济作物、手工业与矿业商品化程度高，加之有利的交通格局，江西在唐代以后商品经济繁荣，其所产商品流通于全国各地。

首先是米粮的流通。江南地区为明中后期中国经济作物和手工业最发达的地区，常因粮食不足，须由湖北、江西、安徽运入粮食，所谓“半仰食于江、楚、庐、安之粟”。安徽南部的徽州一带，是茶、木材和纸、墨产区，其土地贫瘠，粮食不足。这个地区虽小，购买力却较高。对此，地方志与当地人有更切身的体会。如地方士绅汪伟在请求官府奏疏中写道，徽州介万山之中，地狭人稠，粮食仰赖邻近饶州的鄱阳、浮梁，“一日米船不至，民有饥色，三日不至有饿莩，五日不至有昼夺”。徽州与饶州壤地相接，

马来半岛海域明代沉船“宣德号”出水瓷器

此种粮食供求关系由来已久，决非康熙时才如此。

由此可见，江南地区的粮食供应，除当地生产之外，其依赖的是湖广及江西。造成这一事实的不仅是因为湘鄂赣商品粮比较充足，还因为湘鄂赣地区与江南地区的民众饮食习惯相似，且运输方便。

江西地区粮食供应的又一重要地区是京师北京。京师缺米，统治者首先想到的也是从江西、湖广调拨或采买。但与江南不同的是，除了江西、湖广外，由于东北正在成为新的商品粮生产地，京师的粮食供应并不全靠南方的漕粮以及在江西、湖广的采买。另外，京师的饮食习惯与山东更为接近，所以也可由山东等处接济。而浙江西部常山一带，毗邻江西广信府玉山县等地，其口粮是依赖江西的。同时，广东、福建的粮食供应在相当长的时间里也部分地依赖江西、湖广。相对于江南，广东、福建与湘鄂赣主要产粮区距离稍远，特别是运输更为困难，无论是湘米还是赣米南运广东，都是逆水而上，且道路曲折。赣米东运福建，

铅山县石塘镇连四纸陈列馆

主要由建昌府新城县五福一路。北方各省发生自然灾害，用于赈灾的粮食也多来自江西、湖广。此外，江西、湖广的部分粮食还被商贩运往海外。

其次是瓷器的流通。最晚在唐宋时期，中国的瓷器就大量出口国外。到明清时期，景德镇瓷器不但为国内珍宝，而且随着东西方贸易的发展，风靡日本、东南亚及“西洋”各国，既受民众欢迎，更是上流社会的宠儿。中国瓷器在世界各地的广为流传，不仅启迪、影响了全世界陶瓷技术的进步，而且广泛而深刻地影响了人类的物质文明与精神文明的发展进程。

人们称当时的中外海上贸易通道为“海上丝绸之路”，其实是一大误解，当年出口的丝绸，多为半成品和原丝，而真正为中国带来真金白银的大宗出口商品，实为瓷器，瓷器已经超越丝绸，成为第一大宗商品。所以，与其说是“海上丝绸之路”，不如说是“海上丝瓷之路”，这样更为确切。

此外还有造纸的流通。由于水陆交通的便利，河口镇成了铅山纸的集散地。而明代后期的河口，已经不是一个地方性的商品集散地，而是具有全局性意义的重要商镇。于是遂有“买不完的汉口，装不尽的河口”之谣，河口被誉为江西四大名镇之一。因此，造纸的流通由石塘、陈坊等地发小船将纸张运至河口，再由河口改成大船，沿信江分上下两路，一路东至杭州，转运至天津、黑龙江等地，一路经鄱阳湖至汉口北运。

最后是矿冶技术的流通与传播。江西商人对西南地区的矿业产生了影响。明清时期江西商人之所以能够垄断西南矿业，一方面是因为“江西填湖广、湖广填四川”的移民大潮，大量的江西移民涌入湖南、湖北、云南、贵州、四川，而江西籍的在朝官员特别是当政者，又为同乡商人提供政策上的便利。另一方面，则是这些移民西南的江西商人、江西工匠掌握了先进的矿冶技术。

第四章 商城之兴

SHANGCHENG
ZHI XING

明代中后期，随着商品经济的发展，一些新兴的工商业市镇不断地涌现。在江西地区，新兴的工商业城镇的出现和发展为区域经济的发展注入了新的活力。这些城镇的分布不甚均匀，大体上主要分布在几个水运条件便利的区域，并以其得天独厚的水运优势为依托得到了长足的发展。在这些不同的分布区域中，形成的著名的商镇有景德镇、樟树镇、河口镇、吴城镇等。它们的形成与发展是宋元以来农村商品生产、交换长期发展和城乡交流日益扩大的结果，再加上便利的水陆交通条件等使其得到迅速的发展，商镇人口规模达万人以上，它们更因其各具特色的商业经营内容和经营模式享誉盛名，被世人誉为“江西四大名镇”，对江西工商业经济发展起着举足轻重的作用。

一、商镇布列

第一个密集区在北鄱阳湖区和赣江下游区，即从长江经湖口入鄱阳湖、赣江至丰城、清江，以南昌为中心的这段航线上。这里地处鄱阳湖平原，又是江西的政治中心，且有设置在九江（辖湖口）的钞关。南北水上大通道穿过九江府的德化、湖口二县，南康府的星子、都昌二县，南昌府的新建、南昌、丰城三县，至临江府清江县的樟树镇，进入江西腹部地区。这里从北到南排列着一座省城（南昌）和四座府城（九江、南康、南昌、临江），德化、湖口、星子、都昌、新建、南昌、丰城、清江八座县城，以及城子、南湖嘴、龙开河、流撕桥、湖口、柘矶、菱石矶、青山、渚溪、周溪、柴棚、左蠡、张家岭、芦潭、吴城、樵舍、生米、竿韶、三江口、松湖、港口、曲江、樟树等二十三个市镇。

第二个密集区在与福建交界的建昌府和广信府的信河

铅山河口古镇

流域。建昌府的南城县是商品经济发展较早的地区，明中期，南城杂货商的足迹就已遍及西南。南丰、新城县的农民此后也加入了弃农经商的行列，新城是产烟大县。这里为江西、福建的交通枢纽区，地邻福建盐区，为闽盐入赣的必经之地。江西、湖广的米谷从陆路入闽，由新城县蓝田镇、石峡镇或五福镇过杉关，便是福建邵武府光泽县，经武溪入闽江，遂为通途。在这三县弹丸之地，分布着一座府城（建昌）、三座县城（南城、南丰、新城），以及蓝田、曾潭、岳口、泭牛、硝石、盘州、黄沙、白舍、龙池、仙居、石峡、熊村、中溪、龙安、五福等十五个市镇，为江西城镇分布最密集的地区。另外，由广信府铅山县的柴溪镇或贵溪县的江浒山镇经桐木关，翻越武夷山，进入建溪，下游便是福建建阳府的崇安县、建阳县。这里既是武夷茶的生产地，又是明清时期规模最大的通俗读物刻印中心。铅山县河口镇既是武夷茶的加工地，又是建阳刻书业的纸张供应地。信河经铅山、弋阳、贵溪，经饶州府余干县的瑞洪镇及鄱阳县入鄱阳湖，既是江西、浙江之间的通道，也是福建与中原商品流通的便捷之路，具有重要的战略地位。

第三个密集区在赣江的东源头章水及其与贡水交汇处的南安府和赣州府的赣县。这里是明清时期中原与岭南乃至南洋各国物质往来的通道。海外舶来品及岭南特产经北江翻越大庾岭进入大庾县，由章水经南康县至赣县，流赣江而下，入鄱阳湖，进长江、京杭大运河，至全国各地。内地百货则逆赣江而上，经赣县、南康、大庾，翻越大庾岭进入广东，并顺流而下，销向岭南市场或海外。正因为这里是当时最繁忙的运输线路之一，所以明清政府都在赣县和大庾县设有税关，向过往船只及货物收税。

便利的水运交通、发达的工商业为经济的发展提供了得天独厚的条件，江西四大特色市镇的形成和发展是最好的写照。

二、“瓷都”景德镇

景德镇是我国历史上的名镇，瓷器产品驰名中外，素有“瓷都”之称。

景德镇蕴藏着丰富的优质陶瓷原料。景德镇地处黄山、怀玉山余脉与鄱阳湖平原的过渡地带，以中低山和丘陵为主。当地盛产瓷土和瓷石，分布在高岭、瑶里、三宝蓬、银坑、寿溪、大洲、柳家湾、浮南等多处。尤其境东的高岭，所产纯净黏土，是制瓷的优质原料，现今世界上称瓷土为高岭土，即由此而来。除当地出产瓷土外，邻近各区县如星子、临川、余江、鄱阳、乐平以及安徽的祁门等地，都蕴藏着大量的高岭土、瓷石、釉果和耐火土等矿物，这些采矿点星罗棋布，共有160多处之多，蕴藏量也极为丰富。1929年的《江西景德镇瓷业之调查》概括景德镇“近千年来为中国产瓷最著名、极丰富之地”的原因，就有提到制瓷原料:

“1. 出产坯釉原料制瓷重要原料有二，其一坯之原料产于县（景德镇即今浮梁县治）之东乡高岭，其二釉之原料即釉果产于东乡之窑里；2. 出产匣钵原料即耐火土，中分老土、子土、白土十三项。其中成分最多之老土子土即产镇旁。品质最好之白土产乐平县，距县亦近。”

浮梁境内群山环叠，盛产松柴、杂木，为制瓷提供了燃料。群山的表层，到处覆盖着葱郁茂密的森林资源。景德镇的森林植被属常绿阔叶林植物，覆盖面积广，种类多。自古以来，景德镇烧炼瓷器，主要用松柴和杂柴，特别是松木油脂多，火焰长，耐久燃。景德镇的密柴，就是将松树锯成八九寸长的木段，然后劈开成块，用它来烧炼瓷器的窑，叫柴窑。景德镇独有的窑房和坯房，还有淘泥的料桶，做坯的轮车，托坯的料板，彩绘的桌案、选瓷的堆架，等等，都需要大量的木料，而松、杉、杂木，正是市镇周围所丰富蕴藏的，千百年来被源源不断地开发。由于长期耗用，至明清两代，烧造瓷器所需的木柴已从浮梁县延伸到较远的都昌、湖口、至德、万年等县甚至更远的地方采伐。

景德镇制陶，相传始于汉。唐初，武德二年（619），里人陶玉献假玉器，由是此地置务设镇，历代相因。武德四年（621），有民陶玉者载瓷入关中，称为假玉器，献于朝廷，于是诏霍仲初等及陶玉制器进御。到元和年间（806—820），景德镇瓷的进奉已由柳宗元为饶州刺史所作的《进瓷器状》所证实，其中说饶器“艺精埏埴，制合规模”，“克保坚贞”等。可见景德镇的制瓷技术此时已达到较高的水平了。景德镇的得名，始于宋代，“江东东路饶州浮梁县

制瓷工序模型

景德镇，景德元年置”。乾隆《浮梁县志》载：“宋景德中，始置镇，因名。置监镇一员，以奉御董造。”“宋真宗遣官制瓷，贡于京。即应宫府之需，命陶工书建年景德于器底，天下于是知景德之器矣。”

北宋初年景德镇设有御窑。宋代景德镇生产青白瓷，土白壤而植质薄腻，色滋润，尤光致茂美。虽然贡器只不过用人力担运，数量有限，其技艺水平仍比不上汝器、定器，但已开始为天下所知。熙宁十年（1077），景德镇全年的商税共 3337 贯 957 文，比同时期的吉州永和镇约高 1 倍，结合宋代早期瓷窑遗址的分散和堆积层的稀薄，可见直至北宋前期景德镇及其瓷业还只粗具规模，景德镇仍属创置阶段。

北宋后期及其稍后，产地主要有镇区、南市街、湖田、小坞里、湘湖几处。景德镇瓷已成为我国瓷器的主要品种之一，远销海内外，海外又以日本、朝鲜和东南亚为多。这说明虽然宋代的瓷窑大多远离镇区，烧瓷者为土著，瓷业的副业特征仍很显著，但已有与农业分离的趋势，而且已有专以制瓷为业的手工业者了。景德镇在南宋时期出现了烧瓷业的作坊，专业作坊的出现表明瓷业内部分工的扩大，产品印有号记也反映了作坊之间商品的竞争。随着瓷业的发展，吸引了镇区以外的居民。景德镇的发展与宋代经济重心的逐渐南移相适应，景德镇已由瓷业粗具规模发展为“业陶都会”了，瓷业也在由乡村工业向都市工业转变，这一过程到明代才完成，历时数百年之久。元代，浮梁属饶州路，隶江浙行中书省。元贞元年（1295），升浮梁为州，景德镇为浮梁州治下。至元十五年（1278），在景德镇设立了“浮梁瓷局”，有大使、副使各一员，又更景德镇税课局监镇为提领。泰定年间（1324—1328），本路总管临陶，皆有命则供，否则止税课而已，故惟民窑著盛。宋元之际，有不少外地陶工来到景德镇，如吉州陶工逃之饶，故景德镇初多永和陶工，这有利于景德镇融合各地的制瓷工艺，提高其制瓷技术。元代，景德镇瓷与处州青瓷为外销之大宗，至迟在元代后半期，青花瓷已问世，它标志着我国制瓷工艺从素色瓷进入彩瓷阶段，这是景德镇陶工对世界文化的一大贡献。青花瓷成本较低，具有清新明快的色调，丰富优美的装饰，花纹有润泽的釉保护不致损脱，因此深受国内外人们喜爱，它的大量生产迎来了景德镇瓷业的新发展。

明清两朝是景德镇瓷业发展的高峰。明代景德镇以生产青花瓷为主，它在明初与处州青瓷并埒，以后又逐渐超过国内的其他产瓷地。但到了明代，随着瓷器生产的发展，技术上的分工负责，瓷业有了集中的要求。“明洪武二年（1369）就镇之珠山设御窑厂，置官监督烧造解京。”明廷在景德镇珠山设置御窑厂，为皇家生产官窑瓷器。官窑的设立，使景德镇的地位大大地提升，推动它迅速成为瓷业的中心，促使了分散在各乡的民窑向镇区集中。御器厂既是官手工业机构，又具有维护全镇治安、管理民政的权力。御器厂是一座官手工工场，内有各作分工。明代前期最盛时为成化年间，明代前期，官府对民窑的烧制品种有严格的限制，禁止民窑私自烧造青花白地瓷和黄、紫、红、绿、青、蓝等色瓷器，违者处以极其严厉的刑罚。尽管如此，景德镇的瓷业工匠以其勤劳、智慧克服了重重困阻，至迟成化年间便突破了烧造青花的禁令，他们凭卓越的技巧，创造了永窑甜白、宣窑青花、成化五彩以及挥笔自然、意境隽永的民窑青花，为中国陶瓷史添放奇葩。随着商品经济的发展，从明代的中后期开始，景德镇民营业得到了相当大的发展，出现了分工细致的民营制瓷工场。当时聚集在景德镇的商人有徽州商、江浙商和江右商等。晚明民窑的数目，并无确切的记录。据《景德镇陶瓷史稿》分析估算，隆庆万历年间民窑数目在几百座左右，每年生产瓷器为十八万担（每担 216 个碗）。当时饶州所属七县以及南昌、都昌等地之民众都涌向景德镇，自嘉靖晚期至万历后期这五六十年间，十万人口的景德镇有万余至数万的陶工。

晚明景德镇民窑瓷业在政局动荡的情况下能保持繁荣发展的势头，主要是由于巨大的海外市场的刺激，欧洲、日本是景德镇瓷器的两大海外市场，当时欧洲尚未能生产硬质瓷器，欧洲的商人为获取财富而来到东方贩运中国瓷器。正德六年（1511），葡萄牙人把中国的瓷器贩运至欧洲，获利丰厚。西班牙在16世纪初几乎垄断了美洲、欧洲、北非和远东的贸易，在远东以马尼拉港为据点，和中国开展瓷器贸易。通过葡萄牙、西班牙的商业活动，中国瓷器流入欧洲，并深受欧洲人的喜欢。

清代，景德镇设御窑厂，“厂跨珠山，周围约三里许”“移饶州府同知驻扎景德镇厂署”，分防景镇，“更有巡厅管窑务”。清初，景德镇制瓷业和社会经济遭到巨大破坏。随着全国经济的恢复，景德镇的瓷业在明代的基础上继续得到发展，据乾隆《浮梁县志》记载，雍正、乾隆之际，已有“民窑二三百区”，“工匠人夫不下数十余万”。所产瓷器在欧洲、日本、俄罗斯极具市场，以至康熙时，欧洲货币皮阿斯特尔在景德镇为人们熟知，在贸易中通用。此时景德镇与河南朱仙镇、广东佛山镇、湖北汉口镇并称天下四大镇。至迟在嘉庆年间，景德镇街市的扩展，已“自观音阁江南雄镇坊至小港咀，前后街计十三里”，直至新中国成立前仍是如此。城市格局仍是以御厂为中心，清代御厂是在明御厂的基础上建立的，街巷和民窑围绕御厂逐步扩增，反映了御厂在城市经济生活中亦即瓷业中的支配地位。但窑、坯坊与居住区、商店混杂，城市布局并不严整，又与政治城市不同。清代民窑佣工人数远超过明代后期，

景德镇御窑厂遗址

民窑分工很细。制坯有圆器、琢器和雕镶三类，下又分18作，各自生产不同的品种，甚至还有洋器作，专事生产欧洲款式的瓷器。各作内部又有较细的分工。

1982年，在国务院公布的首批24座国家级历史文化名城中，景德镇是唯一一座以单一传统手工业著称的城市。景德镇陶瓷历史文化的独特价值，不仅在于已经出土和仍然埋藏着极其丰富的古瓷资源，更在于这里至今还遗存着庞大完整的古瓷业体系。它是中华民族古代文化的一个精湛的典型，也是人类文明史上一颗不断放射光芒的明珠。

御窑厰
景德镇市文
景德镇市文化和广播电影电视局
窯爐風火越
御器馨華達萬國
全国重点文物保护单位
御窑廠遗址
中华人民共和国国务院
二〇〇六年五月二十五日公布
江西省人民政府立

景德镇御窑厂

三、“药都”樟树镇

樟树医药文化滥觞于葛玄炼丹，距今已有数千年的历史了。在东汉建安七年（202），葛玄来到樟树的阁皂山，采药、炼丹，修炼他的“九转金丹”，行医数载。东吴嘉禾二年（233），葛玄又在阁皂山之侧建“卧云庵”，专注采药、炼丹之事达 11 年之久，在这 11 年里，他对炼丹的水土进行选择，对药物识别鉴定，积累了经验，其行迹影响了一些医药学家及附近的山民，很多人纷纷跟随他识药材、学药理、摆摊卖药，樟树药市出现雏形，因此葛玄被尊为樟树药业的鼻祖，被誉为“药祖”，至今为人们所祭奠。

樟树古称淦阳，又名清江，位于江西中部赣江中游，扼赣江与袁江交汇之处。由樟树溯赣江而上越大庾岭可达广东，顺赣江而下过鄱阳湖可通中原诸省，由鄱阳湖转信江水道可抵福建、浙江，溯袁河而西经新喻、袁州、萍乡

樟树阁皂山

至湖南醴陵入湘江水系可达洞庭湖，故樟树成为全省南北、东西通道的交汇点，便利的交通为樟树镇药业的发展和商品经济的发展提供了十分有利的条件。

药市的形成与医药文化的发展是相互促进的。樟树一带，医药对其地域文化产生了重大影响，医药文化盛行。阁皂山各宫观的道士既用道家理念养性，又以炼丹种药养生。养生、行医本来就是道家的重要“功课”，亦医亦道是中国古代道士的重要特征。随着道教的世俗化，阁皂山的道士们进而演变为以种药、采药、制药为业，成了“药农”。受其影响，当地的民众将山林及农田改造成“药圃”。药材既多，又有阁皂山及北边庐山、洪崖，南边玉笥山，东边龙虎山、三清山的“仙气”，当地的药材市场也逐渐形成，在发展中形成医药文化。

在樟树医药文化的熏染下，樟树生产出独具特色的樟树药酒、药膳。到近代，樟树药酒品种达数十种之多，药膳种类更是极其丰富，药菜、药点、药饮、药糕、药饼、药粥、药粉、药清汤等种类齐全。樟树还有奇特的医药习俗，樟树旧时药店，一般都供奉三尊像：药王（孙思邈）、财神和观音，每日早晚由学徒点香敬神，樟树的民间信仰也多与医药文化有关。药市为扩大声势，多举办药交会，药交会前身多为药王庙会。樟树的药交会，即“药王会”，为樟树医药界纪念“药王”孙思邈而举行的庆典活动。药王会的活动，从农历四月二十七日晚开始，一直延续到五月初五。每年庙会期间，樟树药市摩肩接踵，四方药商都

樟树三皇宫

来此庆贺，祭祀药王，演戏酬神，设宴庆贺，并进行药材交流。地点主要为药商会馆或三皇宫、药王庙、仁寿宫。

樟树中药材炮制工艺的精良也是其药业发展的重要原因。樟树中药材炮制工艺历史悠久，随着药市的发展与经营的需要，逐渐形成了其独特的加工炮制技术体系，以精于选料、严于制作、应用辅料全而准闻名于世，成熟、独特的药材炮制工艺使得四方药材汇聚樟树，有“药不到樟树不齐，药不过樟树不灵”之称。其饮片切制工艺精湛，切制中药材更是有其专门的“樟刀”，切制的饮片类型有圆片、斜片、肚片等13种。而切制这样的薄片，更是讲究“七分润工，三分切工”。炮制方法遵古独特，辅料选择严格，有“逢子必炒，药香溢街”之说。另外，注重中药保管。

早在唐代，樟树的药市即初具规模，开始称为“药墟”。北宋熙宁年间，这里加工制作的枳壳、枳实、陈皮等药材，以质量上乘驰名，列为“贡品”。唐代大庾岭开通后，樟树镇成为运河—长江—赣江—北江—珠江这条南北主要通道上的重要关口，由此促成了其商业巨镇地位的形成。南宋时改称“药市”，且更趋繁荣。宝祐六年（1258）在此建“药师院”，每逢九月举行药市，自此成为南北药材集散中心和药材制作基地，药材加工与贸易同步发展起来。

明代中叶樟树镇发展为全国著名的药材加工和集散地，明代中后期至清末的400余年是樟树药业和商业市镇繁荣的鼎盛时期。樟树镇，明清时期属临江府清江县，洪武年间，明政府在樟树设巡检司，置税课局征收商税。宣德四年（1429），户部所颁全国33个因为“商贾所集之处”而加增商税的城镇，樟树镇也名列其中。万历年间，王士性在《广志绎》中记载樟树镇“在丰城、清江之间，烟火数万家，江广百货往来与南北药材所聚，足称雄镇”。明清鼎革之际，樟树的药材贸易一度消退。至清康熙、乾隆时期，樟树镇再度步入繁盛发展阶段。明代，地方政府曾在镇上设立巡检署，清乾隆间裁撤，改驻临江府通判。明清时期樟树镇行政等级的提高，得益于其规制的不断扩大与经济的日益繁荣。各路药材“集于樟镇”，加工炮制，然后转销各地。至清道光年间，四川的附片、河南的地黄、湖北的茯苓、安徽的枣皮、浙江的白术、福建的泽泻、广东的陈皮、湖南的雄黄，纷纷总汇樟树炮制转运，樟树码头出现终年千帆林立、茶楼酒馆座无虚席之景象，许多外地的药业商人时常在镇上逗留三五月之久。樟树镇全盛时有药材行、号、店、庄近200家，其中本地商人开设的有百数十家，著名者如大源行、金义生行、茂记、德生源、义新美等。这些药行大多不仅为贩运药材的客商提供中介服务，而且自己也经营批发业务，有的甚至在外地设立专庄或寄庄收购药材，如庆隆药行包揽了南昌、广丰、黎川三县的全部药材购销，金义生行则同抚州府各县建立起长期的承销关系。樟树药商字号资本最为雄厚，并多有固定的业务范围和经营路线，如“广浙号”专营两广、闽浙等沿海地区的药材，“西北号”则专营川、陕、冀、豫等地所产。

樟树镇的药市主要经营中药材，当地丰富的药材资源对樟树镇早期药市的形成具有推动作用。樟树以湖泽平原为主，气候适宜，药材资源丰富。阁皂山盛产土沙参、乌药、葛根、何首乌、白术、佩兰、紫苏等200余种药材。明崇祯《清江县志》载药25种，其中动物药1种，植物药24种。1985年普查，野生药用品种有500余种，常用的有236种，采集样本216种，估计中草药总蕴藏量约10539担。丰富的中药材是药都樟树药业发展、商业经济繁荣的历史原因和基本因素。

在长期从事药材贸易的过程中，樟树药商逐渐形成了自己的帮系——“药帮”。明后期是樟树药商外出经营的第一个高潮，清康熙、乾隆时期，樟树药商外出形成第二个高潮。樟树镇及其附近乡村的大批药商进入两湖、四川以及省内各地，“民勉贸迁，恒徒步数千里，吴、粤、滇、黔、楚、蜀无不至焉”。大约到道光年间，樟树药商正式形成“药帮”，与京帮、川帮并列为全国三大药帮。此时樟树药帮除樟树人外，还包括临江府清江、新淦、新喻、峡江和南昌府丰城县的药商，因此樟树药帮在外又被称为“江西帮”或“临江帮”，省内则统称“樟树帮”或“南临帮”。省外的樟树帮以湖南湘潭、湖北汉口、四川重庆为中心据点，然后分别向全国各地辐射伸展，构成了全国规模的“樟树药业网”。樟树药商的足迹几乎遍及全国，重庆、汉口、湘潭等是樟树药帮在外省的主要活动中心。这些药商从各地收买药材贩回樟树，加工炮制后再转运四方。

樟树镇也是赣江流域最重要的商货流通中心，药材之外，又有“江广百货”往来贸易。明代邑人熊化在《樟树镇记》记载：“通八省之利，……若杉材药物被服械器诸为民用者，百里环至，肩摩于途；皂矾赤朱，綦巾大布，走东南诸郡。”汇集于樟树的商货有木材、布匹、日用器具等，凡民用所需之物大多具备。从乾隆《清江县志》中可以看到樟树镇的居民因多以经商为业，粮食不足自给，需从外地输入。清代，樟树更成为江西全省的货物转运中枢，由外省输入江西的货物汇集于此，通过赣江、袁河、鄱阳湖等水道转销南北及省内各府。

木材也是樟树镇转运的大宗商品。同治《清江县志》记称“惟木筏、药材之利甲诸郡”。南安、赣州、吉安、抚州等府都盛产木材，顺赣江而下经樟树运往江南。如位于赣中丘陵区的抚州府乐安县流坑村董氏家族，拥有山林十余万亩，所出竹木由村边的乌江放下，至吉水入赣江，经樟树、吴城，销往安庆、芜湖、南京。清代，竹木贸易是该村主要的经济来源，也是维系其宗族数百年不衰的经济支柱。该村现存数十座宗祠多为嘉道年间董氏商人所建。民国年间，该村仍有排工数百人，放排到吉水一次可收入5~7元，到樟树10元，相当于一般长工年收入的数倍。

此外，袁河流域各种农副产品如漆、苎麻、夏布等多由袁江东下经樟树镇外销省内各府县以及国内其他地区。樟树本地所产以青矾、红矾为著，盛时有作坊近百家，年产量约5万担，主要销往苏、浙、闽、皖诸省。

乐安县流坑村

四、买不尽的河口镇

河口镇，明清时期辖于广信府铅山县，今为上饶市铅山县城所在地，因位于信江与铅山河交汇之口而得名。河口镇自明代嘉靖时期铅山河改道后，拥有较为便利的水运条件。地处水运枢纽的河口借其地理条件之便，在明万历以后，发展成为一个重要的商业城镇，其规模和繁荣程度远超过铅山县城。

河口镇以转运贸易为主，在此集散的商品主要有茶叶、丝及丝织品、纸张、棉布、杂货、粮食等，有“买不尽的河口，装不完的汉口”之说。

河口镇自北宋被称为沙湾市，直至明代嘉靖初年仍不过是铅山县的一个小市集。嘉靖初年，由于洪水泛滥，铅山河改道，流入信江的地点变成河口镇东部的交界处，河口自嘉靖中期日渐发展，至万历十年（1582）升格为镇，

河口镇小河沿

河口古街

称“河口镇”。万历时河口镇商业已十分繁荣。商品大多来自闽粤、江浙、湖广，也有一部分来自安徽、河南、山东等地，商品遍及全国各地，此时的河口已不是一个地方性的过载码头了。河口镇常住人口一万余人，属于中级规模的商镇，获得了“八省码头”的称号。万历末年，河口镇成为赣东北地区生产纸张的出口窗口和茶叶加工、转口城市，进而发挥了把周边诸多地区需要的粮食、杂货等百余种商品从江西本省乃至福建、浙江、安徽、湖南、湖北、江苏、广东、山东、四川等地进口的大门户的功能。随着河口镇的这种商品交易地位的日渐提升，明朝开始向经河口镇交易的货物课征商税，且其数额与日俱增。由于河口商品经济发展与人口增多，明政府将石佛寨巡检司驻扎该地，负责河口镇的治安。崇祯九年（1636）游历河口镇的徐霞客亦称“民肆甚众”，见证河口镇的繁荣。明末清初，社会动乱使得河口镇的商业一度趋于衰落。至清乾隆年间，随着社会稳定和经济的复苏，河口镇重又展现出一派繁荣景象。乾隆《铅山县志》记载“货聚八闽川广，语杂两浙淮扬，舟楫夜泊，绕岸尽是灯辉，爨烟晨炊遍布，疑同雾布，斯镇胜事，实铅巨观”。嘉庆、道光两朝，河口镇的商业更趋兴盛，外地商人纷纷在镇上商业区建立起会馆，作为常年居住、贸易之所。19 世纪 50 年代，一位西方人已将河口镇视为“中国内地最重要的市镇之一”。

河口镇是万里茶道第一镇，茶叶是河口加工集散的最主要商品。清代中叶的记载称，河口是一个繁盛的大市镇，茶行林立，全国各地茶商云集于此，许多茶商就在河口收购茶叶，不再前进了，另一些茶商则越过武夷山前往崇安县收购。河口镇到处都有大客栈、茶行和仓库，沿河一带更多，停泊在市镇附近的船只非常之多。汇集在河口的茶叶，其输出路线主要分为南、北、东三条：南路即运往广州交十三行出口的茶叶；北路主要销往俄国，其转运路程由产地至销地达万里之遥，均由山西人经营；东路主要运往上海，茶叶在河口装船先沿信江逆水而上，东行至玉山卸货，然后雇脚夫挑运过屏风关抵常山。道光年间，江西商人在沪建立会馆之时，其资金中有四分之三来自茶商捐厘，可见东路输往上海的茶叶为数不少。河口镇作为武夷茶转销南北的集散地，成为各路商人麇集之所，资金往来款项甚巨，故河口镇的金融业也很发达。清代中叶新产生的金融机构日升昌、日新中等票号在河口即设有分号。当时江西设有票号的城镇可能只有河口一处，九江及省城南昌均未见设立，河口镇的这一地位，显然得益于它在茶叶转运方面所处的重要地位。

纸张，是河口集散的又一重要商品。广信府是江西纸张的主要产区之一，上饶、玉山、广丰、弋阳、贵溪等县皆产纸，而尤以铅山县为最，“小民藉以食其力十之三四焉”。铅山所产纸张品种甚多，以连四纸品质最优，以石塘镇所产为最。据说纸业盛时，石塘镇从事造纸业者达三四万人，平时外来的纸业工人也近万人，每日所消费的粮食、食盐、百货等都由河口镇运入。清代盛时，河口镇纸店、纸号、纸栈、纸庄曾达百家以上，每年可售银四五十万两，纸张贸易是河口经济繁荣的又一支柱。在河口集散的纸张主要销往上海、杭州、安徽、河南、山东、京津等地。“江广纸张”曾是运河沿线山东临清关的主要税源之一。

棉花棉布、杂货、粮食等是河口输入分销的主要商品。万历《铅书》所载汇集于河口的各地布匹有二三十种之多，杂货则以闽粤所产为多，如福建延平的铁，崇安的闽笋，漳州的荔枝、龙眼等，这些商品除供铅山本境消费之外，分销范围至少可及赣东北的广信、饶州二府所属各县。清末的记载称“铅不产棉”，故棉布、棉花为“进口之货……第一大宗，商本极巨，每岁销售铅邑四境不下三十万，在

铅山河口古镇金利合老药店

河口分销上游者不下二百万”。粮食为河口输入商品之又一大宗，“铅民大商贸易纸、茶，次等之商贸易粮食”。河口输入的粮食除供本镇及石塘等镇纸业工人消费之外，估计也有一部分输往福建。

从河口市场交换物资的来源看，河口地区与闽粤和长江中下游三角洲地区的横向联系较为紧密。从交换物货的品类来看，主要是民生日用之货，突破了以前城市奢侈品贸易的局限。

五、装不尽的吴城

吴城镇，地处江西北部，鄱阳湖西岸，赣江和修河二水入湖之处，水运条件发达。凭借得天独厚的水运交通优势，自明末特别是清中期以后，吴城镇逐渐变为重要的转运贸易口岸，跻身于江西四大名镇之列。

吴城镇，明清为南昌府新建县所辖，距今省城南昌180里。从明弘治朝开始，官府还在吴城设置兑粮水次，有专仓屯运宁州、武宁、奉新、靖安四县的漕粮，加强了吴城与这些地区的经济联系。又出于缉私和兵防的需要，还在吴城设置了巡检司和驿站。不过，正德年间宁王朱宸濠起兵路过吴城，造成较大破坏。万历初，又遭连年大旱和流行传染病，“村市疫死无算”。到万历十年后，逐渐恢复繁荣的镇市“不下五七百烟……依然贾舶官舰，络绎不绝”。不过，在官修的明代方志中，还找不到一个正式

吴城望湖亭

建制的“吴城镇”。在往来文人的诗文中，也只称“吴城山”或“吴城驿”。这说明至明后期，吴城规模尚有限，很可能还不是正规建制的“镇”。

吴城镇商业的兴起约在明代后期或清初。明清之际，受到战乱的影响，吴城镇的发展一度减缓，甚至停滞。但自清康熙时期后，吴城镇进入一个新的发展时期，商业日益繁盛，吴城镇设有来苏、里仁、福民等六坊，已初具规模。

外省及江西各府县的客商先后在吴城设立会馆，镇中人口大量增加，故乾隆时方志已将吴城与南昌并论，称其“米粟半恃外郡”。随着市镇人口的不断增加，官府的行政管理也在不断加强。据清宫档案记载，乾隆元年（1736），清政府下令清理整顿各地集镇商税，新建等县的奏报称，“吴城、景德等镇，系货物聚集之所，……若无牙行，难以评价”，请政府将原有牙行、牙税予以保留，而南昌等县则多奏请裁革。此时的吴城，已是个相当繁荣的商镇了。乾隆三十一年（1766），将原属南康府分管的军捕厅改归南昌府直辖，并改为同知署。乾隆四十四年（1779），新建县又在吴城设立主簿署。这标志着吴城从此成为有特别行政级别的“镇”，最终确立了其重要商运口岸的地位。吴城的商品经济水平进一步繁荣发展，嘉庆年间官员奏报，“吴城镇、景德镇并与江西联界之湖北汉口镇，皆系各路买卖云集之区”。乾隆至道光的百余年间，是吴城商业发展的鼎盛时期，其经济功能远超过省城南昌。其时，吴城镇常住人口7万余，流动人口2万多，人口密度甚高，形成了“六坊八码头，九垅十八巷”的社区格局。

汇集在吴城的商人，有徽商、晋商、湖广、闽粤商人以及江西各府商帮，这一时期吴城商业繁荣、经济发达，建有大量的会馆。吴城一直有48座会馆的传说，可能有所夸大，而且大多数会馆的始建时间已难得其详。据实物及

吴城吉安会馆门楼

口碑资料考察，到抗战以前至少有近二十所会馆及公所，其中外省会馆有徽州、山西、全楚（两湖，实以湖南为主）、广东、福建（共两座，分别称上、下天后宫）、潮汕、浙宁、麻城等。吴城客商中大概以徽商势力最强，嘉道年间已有“吴城镇为徽商辐辏之区”之称。清末吴城成立商会，26 名董事中有 10 人为徽商，总理朱锡龄亦为徽人。广东商人在吴城的实力也相当可观，据说粤商在吴城建会馆时，当地势力禁止动用本地一砖一瓦，他们遂于粤糖运赣的船中，每袋糖中夹带一块砖瓦，仅一二年时间便建成一座规模宏敞的广东会馆。再就是江西各府县十多个会馆，吴城万寿宫就是吴城的江西会馆。各地商人会馆的并立争雄，应是吴城商镇经济繁荣的直接产物。

吴城商业是以转运贸易为主，由大庾岭商道输入的洋广杂货转销北方诸省者多由吴城换船入长江转输各地。汇集在吴城的江西本地产品则有木材、纸张、茶叶、苎麻等，尤以木材为最。

江西是著名的木材产地，全省木材的外运，大多都由各县产地放运于吴城，在此重新编扎，经鄱阳湖进入长江，直下南京。在南京卸编小排后，运入全国性的木材集散地——常州。由于在常州出售的木材大多来自江西，以致人们将常州出售的木材统称“西木”。由于吴城镇常年汇集大量的木材，因而出现了多家木材牙行，代前来采购木材的商人办理扎排业务，其最大的一家为“公成木号”。

吴城镇转运的茶叶，主要有修水上游的义宁州出产的红茶和信江流域广信府的茶。义宁州红茶的外销路线，必

金溪县浒湾镇洛城村千年古樟树

须沿修水东下，至吴城集中。广信府的茶则首先聚集于河口，再沿信江运送至位于鄱阳湖流域的余干县的瑞洪镇，最后才越湖至吴城。各地茶叶在吴城集中后，经九江转口至汉口、上海，销往国内外。除了茶叶、木材这两宗商品外，纸张也是吴城镇转运的一大货物。在九江开埠前，江西各地出产的纸张的外销，往往先是运送至吴城集中，再由民船运至九江，然后沿江而下抵镇江，最后溯运河北上，达天津而分销于北方各省。至 1860 年前后，吴城镇内已拥有六十余家纸行。

除景德镇、樟树、吴城、河口四大名镇外，明清时期还兴起了其他一些富有特色的专业名镇，如金溪浒湾镇（刻书业）、铅山石塘镇（造纸）、临川李渡镇（制笔业）、进贤文港镇（制笔业）、宜黄棠荫镇（夏布业）、万载株潭镇（夏布业）、萍乡高坑镇（采煤业）、南康唐江镇（油、粮、木业），等等。

第五章　商品之丰

SHANGPIN
ZHI FENG

江西商业发达，在商业发展的过程中，诞生了许多品牌商贸产品。万年贡米、景德镇陶瓷、浮梁茶叶、樟树药材、铅山连四纸、新余夏布、南丰蜜橘等都是江西的主要贸易产品，在江西商业文化中占据举足轻重的地位。

一、万年贡米

万年县是我国贡米之乡，也是世界稻作文化发源地。在 20 世纪末的考古发掘中，中外考古专家在万年吊桶环、仙人洞遗址中发现了人工栽培稻的植硅石。经植物考古学家的研究，这些水稻遗存具有野、籼、粳稻的特征，是一种由野生稻向人工栽培稻演化的类型。在万年附近的东乡县有一片野生稻，是世界上分布最北的普通野生稻。这片野生稻的发现，为研究中国乃至世界的稻作起源提供了宝贵的生物材料。考古学家通过对植硅石的研究，得出吊桶环遗址和仙人洞遗址是现今已知世界上年代最早的栽培稻遗存的结论，将人类的水稻种植历史向前推进了 6000~8000 年。

江西万年贡米作为江西名产，南北朝时期就有史料记载，原产于归桂乡（今裴梅镇荷桥、龙港）一带。明正德七年（1512），新设万年县，首任知县为了表达其对皇帝的忠诚和对朝廷建县之恩，将归桂乡所产的晚籼稻“坞源早”制成大米进贡皇上，皇帝食用后大加赞赏，传旨“代代耕作，岁岁纳贡”，万年贡米由此而得名。明末清初时州县纳粮送京城，要等万年贡米运到进仓后即可封仓，否则粮仓不能封，城门不许关，故也称作“国米”。

新中国成立后，万年贡米更加声名远扬，周恩来总理曾用“万年贡米”作为国宴用米招待国外贵宾。1959 年庐山会议期间，万年贡米作为指定用米，深受好评。万年县被誉为“世界稻作文化发源地”，2010 年，万年稻作文化系统入选联合国全球重要农业文化遗产名录，成为第二批被列入其中的农业文化遗产。2012 年，中国杂交水稻之父、中国工程院院士袁隆平为万年亲笔题下“野稻驯化，万年之源”。

吊桶环古人类遗址

万年水稻田

万年盛产水稻，万年人对水稻生产有着深厚感情。在水稻生产早期，就发明了放红绿萍选田、扎草人赶鸟、油茶籽壳磨粉防虫等原始的水稻栽培管理方式，其中扎草人赶鸟仍然能够找到痕迹，也被广泛用到其他农业生产过程中。目前，万年很多地方还保留着“敬老有福，敬土有谷”“开秧门”“祭谷王”等农耕信仰，这些信仰不仅在维系农耕社会秩序、遵守道德规范、净化人们心灵、保护自然环境等方面发挥了重要作用，而且为万年稻作文化的形成奠定了坚实的基础，成为其重要的组成部分。

万年贡米坚持绿色种植，不施加任何化肥农药，提升了食品的安全性，多次获得“绿色食品标志”，成为中国国家地理标志产品，入选中国农业品牌目录及中国农产品百强标志性品牌，深受市场欢迎。

野稻驯化万年之源

袁隆平题

袁隆平题词

二、景德镇陶瓷

景德镇以盛产陶瓷著称，素有“瓷都”之誉，曾与广东佛山镇、湖北汉口镇、河南朱仙镇并称全国四大名镇。

景德镇瓷器从汉朝开始烧制，距今已有2000多年的历史。唐代，景德镇的瓷器已在国内有较大的影响。唐武德年间有陶玉将瓷器载到关中，上供给朝廷，从此昌南镇的瓷器声名鹊起。五代时期，景德镇烧制出白瓷，成为南方最早烧造白瓷之地，打破了“南青北白”的局面。

北宋时期，景德镇陶瓷作为朝廷贡品，深受皇帝和宫廷青睐。宋真宗景德元年（1004）将其年号赐予昌南镇，并钦命进御瓷器底款书“景德年制”，于是天下“咸称景德镇”。其瓷器以“洁白不疵”而获“饶玉”之称，与真定红瓷、龙泉青瓷合称三大名瓷，景德镇由此开始了其传奇的发展历程。宋室南迁后，大量文人雅士、能工巧匠随之移居江南，带去了先进的制瓷工艺，推动了景德镇陶瓷业的发展。

元代是景德镇陶瓷的创新时期。在近一个世纪里，继宋代创青白瓷之后，元代又成功创烧技术要求更高的青花、釉里红和高温釉瓷等新品种，结束了我国瓷器以单色釉为主的局面，把瓷器装饰推进到釉下彩的新时代，形成了鲜明的中国瓷器特色，从而把景德镇瓷业推向遥遥领先的地位。至元十五年（1278），朝廷在景德镇设立“浮梁瓷局”，置大使、副使各一员，又更景德镇税课局监镇为提领，以加强对陶瓷业的管控。此举成为延续了600多年的中国皇家瓷厂的开端，也为景德镇成为全国瓷业中心发挥了重要的作用。

明清是景德镇的鼎盛阶段，陶瓷人的技艺集历代瓷艺之大成，取得了更高的成就。瓷器品种应有尽有，大量新工艺也先后涌现，异彩纷呈。明洪武二年（1369），朝廷在景德镇设御器厂，专门烧造宫廷、皇家用瓷。景德镇真正成为“天下窑器之所聚”之地。除了在发挥自身优势之外，还学习吸收一些窑厂的先进技艺，甚至还有外来文化的精髓，烧制出了新的品种和样式，真正开创了“一代未有之奇”。宣德年间是明代青花烧造的黄金时期。嘉靖、万历的数量为多，且形制高大、技艺高超。据当时关于景德镇的记载，“昼间白烟掩盖天空，夜则红焰烧天”，“火光烛天，夜使人

景德镇风火仙师庙

不能寐”，足见当时陶瓷生产规模之宏大，生产场面之壮观。

景德镇一直流传着“风火仙师”的故事。“风火仙师”本名童宾，是本镇里村童街人，生前是技术高超的烧窑瓷工。他技术熟练，为人正直，乐于助人，即使自己勒紧裤带，也要尽力帮助穷苦的瓷工们，故他深得镇里做瓷器人的爱戴。万历年间，太监潘相来镇上督造青花大龙缸。其缸久未烧成，潘相对瓷工进行鞭打甚至杀害。童宾见状异常愤怒，为救众瓷工，勇斗潘相，最后毅然纵身跳入窑火之中，以示抗议。数日后开窑，大缸果然烧成，这种缸直径三尺、高二尺多，外围环绕着青龙，下面有潮水纹。童宾之死激起了瓷工们的义愤，人们纷纷起来呼喊要潘相偿命，吓得潘相闻风逃回京城。为平息民变风波，官府在御器厂东侧修建“佑陶灵祠”，为童宾立祠，奉为“风火仙”，祠内供奉童宾。

景德镇各种陶瓷的命名也耐人寻味。除了北宋以真宗景德年号名的陶瓷之外，明朝还有永乐窑的甜白薄胎瓷，薄如“卵幕”；明代景泰年间出现了“铜胎掐丝珐琅”新工艺制品,使用的珐琅釉多以蓝色为主,故而得名“景泰蓝”。宣德窑,其陶瓷品“无物不佳,小巧尤妙”;嘉靖窑装饰精美,富丽繁缛,

清代顺治十一年（1654）改称御器厂为御窑厂，景德镇继续成为皇家瓷厂所在地。景德镇御窑厂，“厂跨珠山，周围约三里许”，之后城市布局以御厂为中心发展。康熙、雍正、乾隆三朝盛世时，制瓷技术达到炉火纯青的地步，为历史最高水平。特别是康熙时期，开创了以督陶官姓氏为窑名的先例，如臧窑、郎窑等均是著名的瓷器品名。

民国时期，景德镇籍瓷商队伍的不断壮大，瓷行、瓷庄大量涌现。各商帮都有自己的瓷行、瓷庄或瓷号，他们加强了景德镇与外地的联系,也操纵了景德镇瓷器的运销。新中国成立后，在原有的小作坊基础上重新组建成立一些大型瓷厂，此时陶瓷产业已发生了历史性变革，从过去的御用陶瓷生产已转变成为满足大众化消费的定位。改革开放以后，市场进一步扩大，焕发出了新的生命力，发明和创造了新彩类、新形式、新技法以及新工艺、新材料，传统陶瓷艺术焕发青春。

景德镇瓷器造型优美,品种繁多,装饰丰富,风格独特。

青花瓷

薄胎瓷

青花瓷，被人们称为“人间瑰宝”，用氧化钴料在坯胎上描绘纹样，施釉后高温一次烧成，蓝白相映，美观隽久。薄胎瓷亦称“脱胎瓷”“蛋壳瓷”，其特点是瓷胎薄如蛋壳、透光，胎质用纯釉制成，质地轻巧，做工精致，透光性好。色釉瓷又称颜色釉瓷，是依靠釉水色彩的变化来装饰瓷器的。通常在釉料之中调整各种微量元素的含量，经过焙烧以后，就会显现出某种固有的色泽。粉彩亦称软彩，是瓷器的釉上装饰。其制法是先在白胎瓷器上勾出图案轮廓，再堆填色料，在七百多摄氏度的温度下煅烧而成。图案内容多以中国历史故事和神话为主的人物、山水等。

景德镇已经成为中国文明的一种符号，“中国”的英文“China”与景德镇（昌南镇）有莫大的联系。通过海上丝绸之路和陆上丝绸之路，景德镇陶瓷远销到世界 100 多个国家和地区。这些外销的陶瓷，清晰地勾

窑神公

窑神祭拜

景德镇瓷宫内景

画出中国文化影响力的国际版图。同时，中国陶瓷的输入改变了国外许多地方的生活方式和餐饮习惯，使用中国瓷器盛放食物成为西方上流社会新的饮食方式，产生了“饮食革命”。而陶瓷品由于质地坚韧而易长时间存放，成为中国与世界交流的重要见证，其价值进一步得到升华。中国瓷器所及之地，就是中国文化传播影响所及之处。

三、浮梁茶叶

浮梁县，今隶属于江西景德镇市，位于江西省东北部，赣、皖二省交界之处。唐天宝元年（742）以“溪水时常泛滥，居民伐木为梁”之故，定县名为浮梁，历有“瓷之源，茶之乡”的说法。

浮梁产茶历史悠久，汉朝即有僧人种植和采集茶叶。自唐代开始，浮梁就盛产茶叶。“商人重利轻别离，前月浮梁买茶去。”这是唐代诗人白居易《琵琶行》中的诗句。浔阳江边夜晚，江州司马白居易，送客上船，听到委婉悠扬的琵琶声，见到一位技艺高超的琵琶演奏家，她本是昔日长安的著名艺人，流落江湖之后，嫁给了一位江州茶商，但是聚少离多。白居易有感而发，写就《琵琶行》，让“浮梁茶”传遍天下。

表面上看，商人重利轻情，让妻子孤身漂泊、孤独企

白居易像

盼。实际上,这从侧面反映出到浮梁贩卖茶叶可以获利颇丰,茶商宁可在外漂泊，冷落妻子，也要追逐茶利。可以想象：春茶上市的浮梁县城，定是一派商人云集，茶叶飘香的繁荣景象。

当时，赣东、皖南、浙西、闽北一带的茶叶都运往浮梁进行交易，这使得浮梁成为唐代重要的茶叶产区，浮梁茶叶产量很大。《新唐书·食货志》载，“各地产茶数量多少不一，以浮梁出茶最多”。又《元和郡县图志》记载，唐元和八年(813)浮梁“每岁出茶七百万驮,税十五万贯”。茶叶的产量大，自然会吸引茶商前往贩卖。浮梁因临近产茶区，水陆交通又较为便利，成为我国茶叶的主要集散地。一些商贾富豪云集浮梁,争购茶叶,转运销售。据史料记载,那时的西域一带，每年从浮梁运销的茶叶就达十几万驮之多，《茶酒论》即记录了“浮梁歙州，万国来求”的盛况。浮梁茶被大量贩卖到北方各地，成为人们的日常生活必需品。载誉国际。

著名的“浮梁红茶”简称“浮红”“祁红”，为我国名茶之一，多产自浮梁北部和东北部。那里山高林密，日照充足，土壤成分满足茶类生长需要，为茶叶的发展提供了得天独厚的自然条件。浮梁不仅生产红茶，而且还生产绿茶、黑茶和花茶等，茶香飘四方，在中国茶叶市场占据一定的位置。

尤其是到了宋代，景德镇瓷器生产有了更快的发展，瓷业的兴盛也促进了浮梁茶叶贸易空前发达。据《饶州志》记载：“宋时浮梁，茶行有数十家之多，户户门庭，车马络绎不绝，生意之盛，可谓极矣。”此时的浮梁和瓷茶互利共赢，形成了一瓷一茶两大支柱产业，成为全国集茶叶生产和贸易于一体的中心之一。在茶叶政府官营的局面下，在浮梁、婺源、祁门设立茶仓，茶农就近缴纳，大大地减低了茶农的负担，也为国家获得了巨大的经济利益。这时的浮梁茶不仅产量大，品质也有了很大提高，而且出现了很多优质产品。从马端临的《文献通考》和沈括的《梦溪笔谈》等著作可以看到浮梁的“仙芝”“福合”“仙春”等茶叶，大量作为贡品，供皇室享用。

明清时期，茶叶生产主要以散茶为主，饮茶时先将散茶置于备好的器皿中，尔后用开水冲泡，此为“泡茶”。明代汤显祖盛赞“浮梁之茗，闻于天下”。清代，江西著名的产茶区有两个：一个在广信府铅山县等地，另一个在

浮梁茶园

南昌府修水县等地。而浮梁生产的茶叶作为“祁红”的重要组成部分，在全国地区茶叶市场的竞争之下，在全国的比重有所下降。康熙《浮梁县志》载：“浮每岁贡茶，有本色，有折色。按白乐天琵琶行浮梁买茶去，今浮产茶甚少，制亦不佳，聚于景镇者，皆之休宁、祁门、婺源贾客所鬻。”可见，浮梁茶业地位有所下降，但仍然保持着区域茶贸中心的地位。

1915 年，浮梁“天祥茶号”生产的工夫红茶，获得巴拿马万国博览会“金奖”，享誉国际。2010 年，“浮梁贡”茶叶被特选进入上海世博会。梁浮县获“中国名茶之乡”“中国红茶之乡”及“国家级茶叶标准化示范县”等荣誉。

浮梁出好茶，浮梁人也把饮茶当成生活中不可分割的一部分。据唐代杨晔《膳夫经手录》记载，当时于饶州浮梁，家家户户无不喝茶，不得一日不喝茶。更重要的是，饮茶已不是简单的消暑止渴了，而是上升到了一种文化，与之相配套的茶俗、茶礼等茶文化也应运而生。

四、樟树药材

樟树药材源远流长，博大精深，是中华文明的重要智慧结晶，在世界上也享誉盛名。樟树作为我国传统的“药都”，素有“药不到樟树不齐，药不过樟树不灵”之美誉，“药都”樟树在中国药业发展史上有着重要的地位。

樟树药业始于汉晋，兴于唐宋，盛于明清。民国时期，樟树的中药材产业走向衰落。新中国成立后，逐步走向复兴，市场规模不断扩大，成为著名的“药都”，推动中医药走向世界。

早在东汉建安七年（202），葛玄（江苏句容人）就到樟树东南的阁皂山采药炼丹。东吴嘉禾二年（233）葛玄在阁皂山东峰之侧，建起一座卧云庵，筑坛立灶、专心采药、制药、修炼“九转金丹”。从嘉禾二年（233）到赤乌七年（244），葛玄在阁皂山炼丹整整11年，在炼丹的水土选择，

樟树市“中国药都”雕塑

药物的药性、疗效、识别、鉴定、加工炮制方面等积累了经验，是樟树中药材加工的创始人，并吸引了一些丹术家、医学家、道家远道来阁皂山学道。葛玄在阁皂山的遗迹，除捣药的“捣药臼”外，挥剑劈开的“剑劈石”、炼丹取水的“丹井”、洗药的“洗药池”等依然尚存。

唐宋时期，樟树药市逐渐兴起并初具规模。唐开元四年（716），张九龄开凿大庾岭商道，沟通岭南、岭北，樟树镇成为大运河—长江—赣江—珠江这条黄金水道上的重要关口，使得药材集散、中转变得更加便利，促进了药材市场的活跃。宋代，樟树加工的枳壳、枳实，陈皮等药材作为贡品进入皇宫禁地。宋室南渡之后，中原人口大量向南迁徙，带来了先进的制药技艺，有力地推动了樟树药材产业的发展。伴随着医药业的发展，不同专长的药师、医师相继出现，且出现了相关的医学作品，大大促进了当地医疗事业的进步。宝祐六年（1258）在樟树建设“药师院”，每年九月举行药市交易，药材加工与贸易同时进行起来，开创了樟树中药材产业发展的新局面。

明清时期，樟树中药材产业达到顶峰。明代中期，将药师院改为药师寺，以此来祭祀“药王”，其旁边树立“药墟”石碑，使定期交易市场更加繁荣，买卖活动更加活跃。后药师寺改建为药王庙，尊唐代孙思邈为“药王”。药王庙为宫殿式建筑，成为樟树药业界集体活动场所，并成立了我国药业史上第一个联合组织，从此出现了有组织的药材交流。每年药王会开市之时和药材收获之后，樟树镇沿赣江常是千帆林立的景象。

明成化二十一年（1485），赣江改道，赣江和袁河由原在三湖交汇改为在樟树交汇，使得樟树水上交通更加便利，人员货物往来更加频繁，樟树遂有“药码头”之称，成为全国性的药材集散地。“药码头”的兴起，使得樟树出现专门经营药材的药材行号。樟树药商足迹遍布川、滇、粤诸省，以至南洋马尼拉、爪哇等地。崇祯《清江县志》记载，“樟滨故商贾凑沓之地也”，“居人行子蜂乘蚁聚，朝夕常满”。康熙、乾隆时施行“海禁”，规定只有广州一处通商，赣江作为沟通南北的区位优势得天独厚，樟树依托赣江水道，药市空前繁荣。道光年间（1821—1850），全国各地药材汇集于樟树进行炮制中转，致使樟树从事药业人员达数千人，占当时全镇人口的30%以上。产业集聚也推动衣食住行等相关产业的发展。道光《清江县志》记载，“市人多异民杂处，有客胜主之患”，繁荣程度可见一斑。

樟树药业按实力和技艺经营方式分为：药行、字号、咀片店和庄。

药行，特点是一把算盘一杆秤，资金不需太多，全靠与四方药商代购代销、代存、代运，从中抽取金。字号是深购远销，自行贩运，零发整批，资金雄厚，有特定的业务范围和经营渠道。咀片店，特点是前堂卖药，后堂加工，是培养技术人才的摇篮。其宗旨是精选、审用，使饮片、成药以质取胜，以效取誉。庄是店、号的派出机构。任务是收购、转运和销售，兼及行情药价，通报信息。

随着樟树药材贸易的繁荣，药商们创新经管理模式，逐步形成了著名的“樟帮”，与京帮、川帮并称全国三大药帮。樟树药帮在省内统称“樟树帮”，在省外又被称为“江西帮”“临江帮”“临丰帮”等，享有很高的声誉。樟帮帮会人员甚众，势力范围甚广。帮规极其严格，从业人员若想吃稳“药饭”，必须遵守帮规，省外樟帮以重庆、汉口、湘潭、梧州为据点，辐射到全国，打造了一张严密的药材贸易网络。

民国时期，军阀混战，局势动荡，商路阻塞，再加上西方医药学的强势冲击，樟树中药材市场逐步衰落。据不完全统计，樟树生存下来的商号仅有三十多家，惨淡之状令人唏嘘。

新中国成立后，樟树药材走向振兴。1955 年，樟树医药行业进行公私合营，从根本上改变了传统的经营体制和经营模式，进入新的发展时期。改革开放后，樟树药业迅速发展，医药企业逐步向现代企业经营发展模式转变。

自 1958 年以来，樟树会定期举办全国药材药品交易会，这是中药材界的盛会。发挥药交会平台优势，樟树擦亮“中国药都”金字招牌，全面振兴“中国药都”，全方位推动中医药产业事业融合发展。不同的药材企业可以通过药交会进行交流合作，分享经营理念，为樟树中药业的发展注入新的思想，推动其可持续发展，为我国中医药事业的发展做出新的更大的贡献。

五、铅山连四纸

造纸术是我国古代四大发明之一，为推动人类文明的进步做出了巨大贡献。根据制纸原料的不同，中国传统手工纸大致分为皮纸、麻纸、藤纸和竹纸等。连四纸是传统手工竹纸的杰出代表，以其精细质朴的纹理和上好的品质闻名于世。

铅山以造纸业享誉盛名，“铅山唯纸利天下”，铅山的造纸业起源于唐朝，发展于元朝，在明清时期达到顶峰。早在唐宪宗元和元年（806），铅山南部山区就出现了连四纸。到元朝，铅山纸业初成规模，并且声名在外。明清时期，铅山纸业得到前所未有的发展。明代宋应星在《天工开物》中曾数次提及广信府铅山的造纸术。连四纸是铅山县纸类中的佼佼者，素有“寿纸千年”之称，因其品质上乘，纸质洁白绵密，平整柔韧，不易褪色，吸水性较强，因其独特的制造工艺，连四纸于2006年被文化部列为首批“国家级非物质文化遗产”保护名录。

连四纸，又名连史纸、连泗纸，用于书写作画，着墨即晕，入纸三分，古时贵重书籍、碑帖、契文、书画等多用之，与宣纸相提并论，历来为国内外书画家所钟爱。

传统连四纸制作技艺的原产地分布在武夷山脉北麓的江西省铅山县和南麓的福建省邵武市、光泽县、连城县，其中铅山县是连四纸最著名的原产地。

铅山连四纸传统制造要经过72道工序，原料的选用和制作要求极为严格。连四纸以嫩竹为制作原料，一般是在农历正月伐竹，此时竹子娇嫩，纸浆丰富。原材料采伐晒干后，用石灰水发酵，然后用清水泡，去除杂质，晒干，舂细，放入准备好的池子里搅拌均匀，经过滤网将泥浆排净后，加入一种叫滑根水的植物液体，便成为造纸的纸浆。紧接着用抄纸帘在纸浆池中轻轻一荡，帘子滤掉水，剩下薄薄的纸浆膜，晒干后就是一张纸了。

连四纸因其“妍妙辉光”与“千年寿纸”的美名而独领江西纸业市场风骚，不仅商贾书局、文人墨客对其青睐有加，更登庙堂成为百官奏本纸和皇帝御用纸。乾隆皇帝曾以连四纸赏赐大臣，可见其知名度甚高。据铅山县地方志记载，明清纸业鼎盛时期，铅山县生产连四纸的纸槽一度多达1000多张，县里面近一半的人口从事纸业或者与此相关的产业，也因此催生出大小数百家老字号，遍布河口、石塘、湖坊等地，规模宏大。当时，江南地区已经形成五大手工业的区域，即松江的棉纺织业、苏杭二州的丝织业、

铅山连四纸

芜湖的浆染业、铅山的造纸业和景德镇的制瓷业，它们之间保持着紧密的商业联系，铅山连四纸占据重要的市场。

雕版印刷业的兴盛也推动了民间手工造纸的发展。连四纸、关山纸等当地优质竹纸产销旺盛，乡民富足，家家有纸坊，“依山做竹塘，傍水筑坯炊。截流建水碓，就地修纸寮”。明清两代的书画名家、文人骚客以能得到皇帝御赐的连四纸为荣耀，民间也将连四纸作为馈赠礼品。直至 20 世纪 80 年代，连四纸仍然是北京荣宝斋、上海朵云轩等指定专用品，并出口东亚、东南亚等地区。

铅山连四纸作为传统手工业的杰出代表，对继承和传播中华文明发挥了极大作用。连四纸为中国国家地理标志产品，连四纸制作技艺刊入国家级非物质文化遗产名录。

六、新余夏布

夏布是历史悠久的传统手工艺品，是以苎麻为原料编织而成的麻布。因麻布常用于夏季衣着，凉爽适人，又俗称夏布、夏物。苎麻作为夏布的原材料，是公认的“天然纤维之王”，国外称为“中国草”。江西新余市拥有种植苎麻和生产夏布上千年的悠久历史，是江西省重要的产麻地，拥有“中国夏布之乡”的美誉，夏布已经成为新余的一张天然绿色名片。

新余夏布有“轻如蝉翼、薄如宣纸”的特点，与广西桂林“练布”、四川荣昌“蜀布”、湖南浏阳“皮布”并称，享誉中外。新余麻纺源远流长，其夏布工艺被誉为“纺织品活化石”。夏布的生产要经历传统的绩纱、纺织等工序，以女工为主。绩纱时，先将大片麻用手指撕开，放在清水中浸洗后，铺散开来，经阳光暴晒，再放置阴凉处晾干水分，

新余夏布

循环多次，之后将麻卷成缕，上织机进行织布工艺。

夏布的生产最早可追溯到商周时期。这一时期的出土文物中的麻布比较粗糙，织物密度较稀，耐磨性不强。到了春秋战国，纺织技术得到了提高，经纬纱较密，织物密度也较高，麻布丌数也有很大的提升。在夏商周时期，夏布就开始用于制作朝服、冠冕、丧服、巾帽等。

相传唐初，江西万载人蔺思原发明了用夏布编制的蚊帐，用以挡蚊虫，夏布的用途得到扩大。万载、宜春、分宜等地作为夏布的重要产地也得到迅速发展，成为江西乃至全国夏布的重要产区。唐开元年间，江西众多州的贡赋物品中，有四个州进贡夏布，其中虔州进贡的竹练，更是难得的精致苎麻织物。

宋代江西经济繁荣，夏布生产兴盛。当时，夏布主要是普通百姓的衣料，官贵阶层则喜好上等麻纱，如抚州的莲花纱，做工细致精美，舒适度高，在上中层社会中占据很大的市场。据宋朝朱彧《萍洲可谈》载，“抚州莲花纱，

夏布绣作品《清明上河图》

都人以为暑衣，甚珍重”，有力地说明了莲花纱的珍贵。

明代江西夏布逐步进入繁荣时期。由于苎麻是江西农业的主要经济作物，加工夏布又是农村的主要副业。麻农所产苎麻夏布除一部分自用外，其余部分作为商品流通于市场。宜春、分宜、万载、上饶、玉山、永丰、铅山夏布市场活跃。

江西夏布久负盛名，远销东南亚等国际市场，深受消费者青睐，有广阔的市场，江西建立分宜双林、宜春三阳、宜丰石市、上饶沙溪四个夏布大市场，以苎麻种植、纺织加工、经营创汇为一体，形成一条苎麻产业化经营路子，为江西经济建设做出重要的贡献。

在夏布上刺绣的作品称为夏布绣，俗称麻布刺绣。新余的夏布刺绣文化，来源于生活。手工艺者继承民间精湛绣艺，后创新夏布绣技艺与手法，将传统的夏布艺术与刺绣艺术合为一体，依托材料的特殊形态，通过刺绣，表达自己需要的景观文化，来向观赏者传达自己的艺术创作元素，彰显出夏布绣艺术独特的艺术风格，以引起人们审美的共鸣，最终让人们感受到艺术美，给人以美的享受。夏布绣刊入选国家级非物质文化遗产代表性项目。

七、南丰蜜橘

南丰蜜橘，又称南丰蜜桔，是江西省南丰县特产。南丰蜜橘以皮薄核少、甜酸适口、营养丰富而享誉古今中外，先后荣获“中国驰名商标”“中国名牌农产品”的称号，是中国国家地理标志产品。

南丰县地处赣东南，属亚热带季风气候区，温暖湿润，无霜期长，农业气候条件优越。南丰县丘陵山地以红壤为主，

南丰蜜橘

南丰蜜橘种植园

也有经过耕作熟化的水稻土，土壤肥沃，保水保肥能力强，这均适宜南丰蜜橘的生长。

南丰县栽培蜜橘有1000多年的历史，自唐代开始就已成为皇室贡品，据说当年江西曾进贡南方蜜橘给唐玄宗和杨贵妃享用。在唐代，当时主要栽培的是以实生（即籽实）繁殖的。宋、元时期，南丰蜜橘作为皇室贡品一直延续并得到进一步发展。宋元以后，由于蜜橘味美质高、经济价值日益凸显，蜜橘生产渐渐流行。据明正德《建昌府志》载，“有火橘、金橘、蜜橘、金星、金豆等”，蜜橘之名始载入志书中。明清时期，南丰县的蜜橘生产进入繁荣时期，便逐渐形成新株系，具体表现在品种日益多样化，种植技术不断地提高，在蜜橘生产周边形成了人群聚集区，进行专业生产，也带动了与此配套的衣食住行相关行业的形成和发展。南丰蜜橘逐渐成为著名特产，已成为南丰的主要经济支柱。

近代以来，南丰蜜橘曾作为国礼远赴苏联，一时间声名鹊起。1949 年 12 月，毛泽东主席出访苏联参加斯大林的 70 寿诞和缔结中苏友好互助同盟条约。毛主席代表中国人民向斯大林献上寿礼：斯大林湘绣头像、象牙宝塔、景德镇瓷器和南丰蜜橘等。斯大林看到南丰蜜橘小巧可爱，便剥皮尝了一个，感到很甜，一个劲地赞叹好吃。此后，中国橘子誉满全苏，特别是南丰蜜橘被称为橘中皇后，吃南丰蜜橘一时成为苏联的风尚。

如今，南丰县把南丰蜜橘作为县域经济发展最现实、最具潜力的优选项目，按照“一县一业”“一业带百业”的发展思路，大力实施“蜜橘兴县”战略。南丰蜜橘生产迅速发展，形成了农工贸相连合、产供销一体化的多元化发展格局，全县数万农户几乎家家户户种有蜜橘，并带动了包装、加工、流通、服务等相关产业的发展，已经成为南丰县的支柱产业，拉动了就业，促进了经济的发展。

第六章　天下万寿宫

TIANXIA
WANSHOUGONG

道人许逊“飞升成仙”的故事在江西流传久远，江西本地百姓均视其为江西福主。江西百姓感念其恩德，为祈求其庇护，在其西山故宅和为官之地旌阳修建了两座万寿宫，对其加以奉祀，此后万寿宫成为江西人奉祀福主的殿堂。随着明清时期江右商人的足迹踏遍大江南北，万寿宫与江西会馆也随之遍布天下。哪里有江西移民，哪里就有江西商人；哪里有江西商人，哪里就有万寿宫和江西会馆。尤其是在江右商人活动最为频繁的湖广地区和西南地区，几乎每一个重要的商业繁华之地，均修建有万寿宫。万寿宫或江西会馆的建立，最主要的目的是帮助出门在外的江西商人联谊乡情、团结互助、维护利益、协调关系，但它的作用绝非仅限于此。各地江西移民、江西商人以万寿宫为中心，形成自己的“小社会”，融入当地的社会之中。一座万寿宫在异乡建立以后，便会受到当地的居住人口、风俗习惯及文化传统的影响。江西移民的活动、商人的贸易和信仰习俗，也会影响到当地的百姓信仰、经济生活、社区文化等。因此，万寿宫的建立包含了乡土情怀与天下一家的双重意蕴。如今遍布在 21 个省（直辖市、自治区）及国外的万寿宫，既是属于江西，也是属于所在地的，最终是属于中华民族的，它们共同构成了一幅万寿宫文化的璀璨画卷，是江西人留下来的宝贵财富。

一、遍布天下『万寿宫』

东晋孝武帝宁康二年（374），在豫章郡南昌县（今南昌市新建区）境内的西山，一位名叫许逊的道人，连同其家人及牲畜均飞升成了神仙。“一人得道，鸡犬升天”的传说也因此而起。随后，许氏族人便在他曾经居住的宅院中建立祠庙，对其加以奉祀，并为该祠取名许仙祠。不久，相隔数十里的豫章城中，又兴起一座旌阳祠，同样奉祀这位飞升的许逊。前者后来演变为西山玉隆万寿宫，后者演变为南昌铁柱万寿宫。明清时期，许逊被江西人称作福主，万寿宫成为江西人奉祀福主的殿堂。

历史上出现过的“万寿宫”主要包括三大类：第一类是皇室的祭祀场所，在北魏时期已经出现，北宋徽宗时期，又命各地改天宁观为玉清万寿宫；第二类是道教的场所，如江西南昌的西山玉隆万寿宫、南昌城内的铁柱万寿宫即

许真君雕塑

属此类；第三类更为普遍，即明清时代江西商人所创建的商人会馆。

西山万寿宫因是许真君故宅和飞升之地，也是最早出现的万寿宫，故被奉为祖庭。位于南昌广润门旁的铁柱万寿宫，地处商业中心，不但是供奉许真君的神圣殿堂，还曾经是这座城市里最壮观的建筑和最热闹繁华的场所之一，明清时代的“江右商帮”在各地所建“万寿宫”（江西会馆），便以铁柱万寿宫为宗，铁柱万寿宫遂为天下万寿宫的宗盟。

明中叶开始，随着江右商帮的足迹走向全国，作为商人会馆的万寿宫也开始在各地兴建。目前所知的第一座具有会馆性质的“万寿宫”是明世宗嘉靖时期江西漕运粮商在京师所建的“灵佑宫”，宫内供奉的即是“许真君”。据传当时的内阁首辅，祖籍分宜的权臣严嵩为其题写了匾额。嘉靖前后正是许真君被奉为江西“福主”的时期，江西粮商在京建立会馆，为的是保护自身的利益，争取在京江西籍官员、商人的支持。选择许真君作为保护神，则是因许真君有降龙治水的传说，可以保护舟船的平安。

江西商人会馆、万寿宫在各地的大量创建，主要发生在明代后期和清代，是全国市场的流通特别是江右商帮发展的结果。在当时，哪里有江西移民，哪里就有江西商人；哪里有江西商人，哪里就有江西会馆。但是，并不是所有的江西会馆都叫“万寿宫”。一般来说，属全省各府商人的会馆，名为万寿宫，也叫江西会馆。而各地商人建立的会馆，则各有名称。南昌商人会馆，或名为豫章公馆、洪都祠；吉安商人会馆，名为吉安会馆，也称文公庙、五侯祠，祭祀的是文天祥、欧阳修、杨邦乂、胡铨等，以彰显“文章节义”；抚州商人会馆，名为抚州会馆，也叫昭武庙，因为五代时抚州曾为“昭武军”；临江商人会馆，或叫萧公庙、晏公庙；至于樟树药商的会馆，则和各地药商一样，称三皇庙，祭祀伏羲、神农、黄帝。一些商人比较多的县

南昌西山万寿宫

南昌象湖万寿宫

也有本县的商人会馆，如泰和商人会馆，既叫泰和会馆，又叫观音阁。都是江西商人的会馆，一般直呼其为“万寿宫”。

在江右商帮的主要势力范围湖广和西南地区，几乎每个重要的商业繁华之地，均建有万寿宫。四川的万寿宫最多，统计到399座，分布在四川21个地市（州）的106个县（市、区），几乎遍布四川全省。这在一定程度上反映了四川境内江西移民和商人众多。在重庆，统计到万寿宫100座，分布在31个区县（自治县）。其中万寿宫较多的县区有：江津区，22座；云阳县，12座；大足区，10座。其余各县区万寿宫均在10座以下。

贵州9个市（州）万寿宫数量依次为：遵义41座，黔东南州39座，黔南州32座，铜仁21座，贵阳16座，毕节13座，黔西南州11座，六盘水8座，安顺7座。邻近

四川成都洛带江西会馆（万寿宫）

湖南和四川的市（州）万寿宫较多。这种分布格局与江西移民的迁徙路线有密切关系。

与四川、贵州相邻的云南有万寿宫 74 座，分布在 13 个市（州）的 45 区县（自治县）：昭通 15 座，红河州 12 座，文山州 11 座，曲靖 7 座，临沧 6 座，保山 5 座，昆明 4 座，普洱 4 座，楚雄州 4 座，大理州 3 座，迪庆州 2 座，德宏州 1 座。红河、文山、曲靖等市、州有较多万寿宫，则与矿业有很大关系。这些地方矿产资源丰富，如会泽的金矿，蒙自、个旧的银矿，吸引了各地商人云集于此。而江右商又是最善于开矿的商帮。自滇东至滇南，再至中缅交界的滇西，凡是有矿山的地方，都聚集着江右商帮，也就有万寿宫。

“江西填湖广”使今湖南、湖北接纳了大量江西移民。但湖南、湖北地区的万寿宫数量低于四川、贵州，这是因为“江西填湖广”发生在明代，而建会馆的高潮则出现在清代，且推动会馆建设的大多为商人。湖南有万寿宫 136 座，在各省中排名第三。这些万寿宫分布在湖南 14 个地市（州）的 71 个区县（市），其中，株洲 24 座，怀化 16 座，湘西 15 座，常德 13 座，岳阳 12 座，永州 11 座，长沙 9 座，湘潭 7 座，郴州 6 座，衡阳 6 座，益阳 5 座，邵阳 5 座，张家界 5 座，娄底 2 座。这些万寿宫大多分布在交通要道如湘江、沅江等流域，或繁盛的工商业都市或市镇，如湘潭、益阳、衡阳、津市、洪江、凤凰等。

贵州石阡万寿宫

贵州镇远万寿宫

湖北境内的万寿宫77座，分布在12个地级市州（除鄂州）的58个区县（市）中。其中最为著名的当属汉口万寿宫，清末民初，万寿宫是汉口最壮观辉煌的建筑群之一，是汉口重要的标志性建筑，今汉口万寿街即因万寿宫而得名。1852年，太平军攻克汉口，太平天国东王杨秀清即将东王府设在万寿宫。湖北境内的万寿宫除分布在汉口、襄阳、荆州等传统商业或交通要道城市外，边远的恩施州、十堰市以及神农架林区也建有众多万寿宫。其中，恩施州有万寿宫16座，下属各县都曾建有万寿宫，神农架林区的松柏镇、阳日镇各建有万寿宫1座，十堰市的勋西县也建有万寿宫1座，再次证明湖广地区遍布江西移民，以及江西商人超强的渗透力。

京津地区同样建有众多江西会馆。明清时期，江西各府县在北京所建会馆有100多座，名望最大的当数位于宣武门外大街的江西会馆。该馆建于清乾隆三年（1738），由新建籍大学士曹秀先主持创建。民国时期，“辫帅”张勋主持重建。清末民初，江西会馆是北京最著名的公共场所，因会馆建有一个能容纳 2000 人集会、观剧的戏台，所以，许多军政要人和社会名流选择在此集会议事，或举办大型活动。通州是大运河的北起点，明清时期，远航的货物都在通州码头装卸，故通州有两座万寿宫，一为江西瓷商的会馆，一为江西漕运会馆。其中，漕运会馆于清乾隆三十年（1765）由通州知州万廷兰率江西客商公建，初名许真君庙。道光元年（1821）重修时，改名万寿宫。

天津自元代开始即是漕运枢纽。明代后期起，随着国内统一市场的形成，天津逐渐成为繁华商业都会。天津的万寿宫建于清乾隆十八年（1753），坐落在天津最为繁华的街道之一估衣街。据称殿宇相当大，万寿宫西面和万寿宫胡同的铺面包括在内，占地约四五亩。1900 年，八国联军攻陷天津，万寿宫被毁。1902 年，江西漕、瓷两帮集资重建，但面积缩小，占地仅 1.6 亩。新中国成立前夕，万寿宫内曾创办江西小学。

东南地区的万寿宫同样不少。上海境内建有万寿宫 2 座，一座是建于城隍庙于许真君殿，另一座建造时间相对较晚。清道光二十一年（1841），赣南籍的曾承显任上海知县，见在上海的广东、山东、山西等省商人均建有会馆，而江西独无。于是，召集上海的江西籍商人袁章煦、王振凤等商议，集资在上海南市区董家渡妙莲桥处买下一所旧屋，改建为江西会馆万寿宫，以祀家乡福主许真君。

江苏境内有万寿宫26座，主要分布在运河沿线的市县，包括徐州、淮安、扬州、泰州、镇江、常州、苏州等，以及沿江、沿海市县，包括南京、盐城、江阴、如皋等。其中，南京万寿宫在当年南京最繁华的街市评事街。明清时期，南京的水西门至三山街，到处是江西商人开的瓷器店，江西瓷商在南京影响颇大，江西会馆万寿宫也就建在评事街。据称该万寿宫外面也全是以瓷器砌成，壮丽非凡。扬州的万寿宫数量较多，共4座。其中，在今扬州花园巷1座，为在扬州的江西籍盐商所建。

浙江境内有万寿宫22座，分布在杭州、嘉兴、金华、衢州、丽水、绍兴、温州7市。其中，衢州市有万寿宫8座，其下属江山市的城东门有一会馆巷，即因江西会馆而得名。嘉兴万寿宫坐落于建国南路与竹篱弄交叉口，建于清乾隆十二年（1747）万寿宫门有三间阔，屋沿脊像牌楼，宫内戏台如亭阁，台柱蟠龙雕凤；天井后有三厅一走马堂楼，花园内有亭台楼阁，整座建筑宏伟壮观，是清朝后期嘉兴标志性建筑之一。凡是迎神赛会、祭祀天地，嘉兴各庙的菩萨都要集中到万寿宫，万寿宫的影响力可见一斑。

安徽境内的万寿宫有21座，分布在合肥、安庆、芜湖、宣城、六安、黄山、阜阳7个地市的17个区县。安徽境内的万寿宫主要是江西商人建立起来的，如合肥淮河路的万寿宫是江西木材商和瓷商建立的，六安叶集区、裕安区万寿宫都是江西客商建立的。其中，叶集区万寿宫尚存，建于明万历年间，建造年代较早。

与江西相邻的福建位于东南沿海，泉州更是海上丝绸之路的起点，自古以来，赣闽两地商贸往来不断。福建有万寿宫 37 座，分布在福州、龙岩、泉州、南平、漳州、三明、武夷山市。其中，位于漳州东门街达聪巷的万寿宫，为漳州第一座会馆，每年八月初一均有戏班演戏。初为江西戏班，后来也请本地过境班社演戏。南平市光泽县的万寿宫位于原洪济坊码头对面，该码头为光泽县装卸货物最多的两个码头之一。万寿宫内长年轮流演戏。位于原邵武东门外紫

湖南凤凰万寿宫

云桥边的万寿宫为宫殿式建筑，有戏台楼阁，雕饰华丽，为邵武各会馆之冠。邵武和平古镇的万寿宫至今尚存，占地约500平方米，砖石构四柱三间单门，八字开牌坊式门楼，宫内砖雕内容丰富、技艺精巧。

同样与江西相邻的广东，有万寿宫11座，分别为：广州市2座、佛山3座、韶关市3座、南雄市1座、连州市2座。广西境内的万寿宫远多于广东，共计44座，分别为：南宁2座、桂林26座、柳州6座、河池4座、百色2座，玉林、崇左、贵港、钦州各1座。其中，柳州市的万寿宫大门两旁镌有“人怀彭泽，地接罗池”巨形石刻对联。会馆占地颇广，三重檐式的山墙，墙头三重琉璃瓦，大石库门，正殿连头门四座，各殿梁柱皆用巨木。左右两侧系园亭式建筑，当地有“江西会馆笔生花”之谚，形容万寿宫绘画、雕刻精美。

其他地区的万寿宫数量相对较少。河南境内有万寿宫15座，其中，开封市1座，周口市区及淮阳县各1座，信阳市区及息县、商城县各1座，许昌市区及禹州市共3座，南阳市社旗县、邓县、内乡县、淅川县、唐县各1座，新蔡县1座。山东境内万寿宫7座，分别为：济南1座，济宁1座，聊城2座，潍坊的青州市和安丘市各1座，菏泽市1座。陕西境内万寿宫9座，除商洛市镇安县和汉中市各有1座许真君庙外，其余7座均集中在安康市，分布在安康市区以及石泉、紫阳、白河、汉阴、镇坪5县。也就是说，陕西的万寿宫主要集中在陕南3市，也就是靠近湖北、重庆、四川三省（市）的地区。甘肃境内有万寿宫3座，其中，兰州市2座，一是位于今兰州市城关区金塔巷的万寿宫，名“铁柱宫”，一是位于贤后街的豫章会馆，另在宝鸡市的陇县有1座。

随着江西商人、江右商帮的足迹行遍天下，声名远播，新加坡、马来西亚以及东南亚的其他国家和地区，也建有江西会馆。台湾有万寿宫1座，由赴台的江西籍军政人士倡议兴建，1968年动工，1977年落成。占地1653平方米，宫分三层，一楼为真君祠，二楼为议事厅，三楼为崇孝祠，内有许真君像及赴台宗族牌位。新加坡惹兰勿律也有万寿宫1座。1935年，新加坡江西籍同乡组成星洲江西同乡会，1941年购置惹兰勿律277号为新会馆，1947年，易名为新加坡“江西会馆”，楼下为大厅，二楼设神龛，供奉许真君。两旁有对联云：“龙蟠龙踞西山地，保国佑民万寿宫。”

一些偏远之区，当江西商人建起万寿宫后，当地的商业就会逐渐兴盛起来。重庆双桥区有一条巷子名叫江西庙巷，其名称由来，是清康熙年间，江西客商在此集资建立了一座江西庙（即万寿宫），后商业兴旺，人员往来稠密，形成街巷，人称“江西庙巷子”。四川内江的江西商人以万寿宫和邻近的店铺为阵地，经营金银铜铁等制品的商贸业务，促进了内江各类商贸的发展。商人们都以会馆为集中地，各处会馆的建筑物崇旺壮丽，是商人团结互助的象征，增强了商人们的凝聚力。湖南、湖北的汉口万寿宫、湘潭

云南会泽江西会馆

万寿宫、凤凰万寿宫、洪江万寿宫、思南万寿宫等，西南地区的石阡万寿宫、镇远万寿宫、扎西万寿宫、会泽江西会馆、洛带江西会馆、重庆万寿宫等都曾是当地会馆中的翘楚，致使江西会馆所在街叫“江西街”，江西会馆的码头叫“万寿宫码头”，充分展示了江西商人在当地的势力。

抚州玉隆万寿宫

二、万寿宫与江西商业文化

作为会馆的万寿宫，是江西移民尤其是江西商人的象征。至今国内 21 个省（直辖市、自治区）统计到万寿宫近 2000 座。在交通、信息相对不太发达的古代、近代，万寿宫这种供奉某一地域神祇的神庙修建得如此之多，分布得又如此之广，无疑是相当令人震撼的。

万寿宫是江西移民的一个乡情空间，既是一个物理空间，又是一个精神空间。

从物理空间上看，它首先是一座建筑。虽然各地万寿宫的建筑形态各异，但大殿都供奉有江西移民所熟悉的福主许真君，一些万寿宫还同时供奉萧公、晏公或文公（文天祥）等故乡神祇。几乎每座万寿宫都建有戏台，戏台上演的几乎都是江西戏，唱的几乎都是江西弋阳腔。一些万寿宫内部的布局、构件、装饰都蕴含着浓浓的江西元素。

万寿宫既是供奉故乡神祇的宫观，又是江西移民聚会的空间。通过万寿宫，将同一地域的江西移民联合起来，移民们在万寿宫内聚会、联谊，乡音乡情在这里汇聚，同乡力量在这里集结，困难挑战在这里得到解决，虽处异乡，情同故里。

这样，万寿宫便成为故乡的标志、江西移民的“家园”，它不仅是一座建筑，还是被移民建构的、赋予多重意义的精神空间。不少文人、官员所撰万寿宫碑记中，都提到许真君捍灾御患，有大功于江西，建立万寿宫，是遵循崇德报功的礼制规定。这无疑是官方话语，但对于万寿宫获得官方的认可与支持是很有必要的，同时，也使江西移民意识到，万寿宫是为崇德报功而经官方批准或默许的空间。对于江西籍士绅和商贾来说，在为宦或经商途中，几乎处处都能见到江西人所建立的万寿宫，一种亲切感和自豪感油然而生。对于普通移民来说，更多的则是在故乡风俗传统与实际的迁徙生活中形成的一种信仰，相信在他们远涉万水千山、经历艰难险阻时，许真君能够保佑他们平安，让他们化险为夷。

在一些地方的民谚中，人们将万寿宫与江西商人紧紧联系在一起。如洪江有“三子”之谚，即“江西会馆的银子，贵州会馆的顶子，宝庆会馆的拳子”。清末重庆有“四多”：湖广馆的台子多，江西馆的银子多，福建馆的顶子多，山西馆的轿子多。长沙有谚语云：万寿宫的铜罐——里打外敲。此语说的是江西商人遇事打算盘，看这件事合算不合算，反映了江西商人的精明。

1928 年 10 月 3 日，位于上海南站后的江西会馆即万寿宫内，发生了一件有意思的事情。18 名自称是“江西人”的不速之客，要求在会馆借宿。馆员以其来历不明，拒不收纳。18 位“江西人”起哄：“江西人不能住江西会馆？”强行入住。“江西人不能住江西会馆”的质问看似蛮不讲理，但也理直气壮。接纳同乡住宿，是各地万寿宫的义务。

近代五口通商后，上海商贸日益繁荣，大量的江西移民和商人涌入上海，上海的万寿宫每年要接待许多同乡，提供诸多帮助。据统计，1928 年，上海的江西会馆的义园，进出灵柩 285 具、施出棺木 19 具、安葬灵柩 77 具，遣送难民 10 余名。在此后的国内战争和抗日战争中，大量江西难民涌入上海，上海江西会馆专门设立难民收容所，收容和遣送难民近万名。

上海江西万寿宫所做之事只是一个缩影，其他各地万寿宫在同乡互助方面也不遗余力。清顺治年间所建的湖南茶陵江西会馆，设有义渡会、烧包会、招牌会等。义渡会为江西人往来茶陵提供交通便利，烧包会每年中元节烧“冥钱包”荐飨客死茶陵的江西同乡，招牌会负责商店字号的统筹安排以避免纠纷。

万寿宫或江西会馆的建立，最为主要的目的是联谊乡情、团结互助、维护利益、协调关系，所以它同时具备了同乡会、商会的功能。而祭祀许真君及其他神灵，则是精神上的寄托。士绅们从各自立场及目的出发，大力宣扬许真君福佑天下的情怀及功绩，是建立万寿宫的情感纽带和精神动力，这对于弥合土客分歧、推动土客融合也具有重

沱江边的江西会馆——万寿宫

要的引导作用。而缔造天下网络的无疑是贸易。成千上万的江右商以极强的渗透力，构建了一个巨大的贸易网络，将不同的地域、不同的社会联系在一起，进而形成天下网络。而万寿宫则是这个网络上的一个个节点，支撑着这个网络的形成与延展。各地江西移民、江西商人以万寿宫为中心，形成自己的“小社会”，融入当地的社会之中。

作为商会的各地万寿宫，还承担着保护当地同业商人利益的功能。各地的江西商人作为万寿宫的主要捐资者和建设者，他们在万寿宫的凝聚下，组成商业公会，抵抗压迫、增进利益、解决纠纷。随着时代的行进，商业公会逐渐向近代商会转化。

商帮会馆主要职能是将同乡或同业商人团结起来，对抗官府、牙行、地痞恶霸的欺压，维护同乡或同业商人利益。按照中国传统社会的评价标准，这基本属于“利”的范畴，即将大家联合在一起、团结在一起，共同发财。与此同时，会馆也承担着规范和约束内部成员的商业行为、协调处理商业纠纷等任务，这应该属于“义”的范畴。万寿宫对规则与秩序的维护是不遗余力的。制定于 1926 后的上海江西会馆章程第十三条规定：凡营业不当者、褫夺公权者、受破产宣告确定未彻消者以及有精神病者，均不得入会。第十五条规定：凡犯了十三条各项之一者，或违犯国法者、不守会章反破坏本会馆者，经会员三人以上举发，查有实据，开会公决令其出会。这体现了上海江西会馆对国法的尊重与规则的维护。

为了联谊乡情，举行宴集、演戏等，这是各地万寿宫的“常规”活动。既为着酬神唱和、娱乐休闲，也为着与官府联络感情，同时向当地人展示江西人的团结和力量，所以也向当地居民和来自其他地区的移民开放。这就有了一个入乡随俗的过程，也有一个和其他剧种融合的过程。于是各地在万寿宫戏台之外，又建起了公共戏台，即各家会馆共同出资修建的戏台，以供各地戏班演出。四川的万年台也因此而产生。万年台的出现对于川剧的形成起了重要的作用，而洛带的万年台就建在江西会馆的对面，中间是一大广场，也可见江西商人在洛带各商帮中的地位。

在万寿宫演出的戏曲都是江西的地方戏——弋阳腔。可以说，哪里有江西移民，哪里就有江西商人；哪里有江西商人，哪里就有万寿宫；哪里有江西万寿宫，哪里就有江西戏台；哪里有江西戏台，哪里就唱弋阳腔。弋阳腔开唱处，就是江西移民聚居地。明人徐渭的《南词叙录》记载，明朝嘉靖、万历年间，在南北两京、江南腹地、西南地区，流行最为广泛的戏曲为弋阳腔。

其实，这里的“弋阳腔”应该做两种理解：一是特指产生于江西东北地区与“余姚腔”“海盐腔”“昆山腔”齐名的高腔。二是泛指江西地方戏，为明清时期特别是明代江西地方剧种的总称。江西各地的戏曲并不相同。临江的药帮、吉安的钱帮、建昌的锡箔帮又在湘潭县城共同建起了雄伟的万寿宫，那么，在这里演出的江西戏班就得关照各地的方言和习惯了。

清朝光绪时的《海关十年报告》载，重庆的各地会馆几乎每日集会，逢节便演戏，其中演戏最多者为江西会馆，一年之中，演戏达到300次，几乎天天唱戏，大宴和通宵戏，成为当地节日的象征。相比较而言，湖广会馆每年聚会200余次，福建会馆100余次，其他会馆在70~80次。这个数字很有意思，可以想象当年在重庆的江西人，生活是多么丰富多彩。

从江西来看，万寿宫是江西人不畏艰险、不屈不挠、闯荡开拓精神传统的重要物质载体之一；从外地看，则是江西人推动当地开发、与天下联系起来的历史见证。当年，随阳之雁犹不至的边远地方，江西移民和商人成聚于其所，开垦荒地，发掘矿产，交流物质，传播文化，造就了这些地区的开发和社会经济的发展，并对近代中国产生了重大影响。如今，当年的蛮荒之地已成发展之区，当年的江西移民和商人也均已作古，后裔变成了土著。在时代的变迁中，大多数万寿宫也已消逝于历史烟云之中，但其中蕴含的江西移民和商人的创业故事和闯荡精神、构建的遍布天下的贸易网络、推动的中国内陆腹地和西南边疆的大开发，永远都不会消逝。一座座见之于文献，或至今仍然伫立的万寿宫依然释放着耀眼的光芒。

所以，省外万寿宫兼具乡土情怀与天下一家的两面性。一座万寿宫在异乡建立以后，便会受到当地的居住人口、风俗习惯及文化传统的影响，反过来，江西移民的活动、商人的贸易和信仰习俗也会影响到当地的百姓信仰、经济生活、社区文化等。正因如此，省外每座万寿宫都是相同的，里面都崇祀福主许真君，每年会围绕许真君信仰举行一系列祭祀活动；都是江西移民的家园和商人的会馆，江西同乡在此联谊乡情、携手发展。但是，每座万寿宫都各有其鲜明的特征，不仅是风情各异的建筑样式、因地而变的神祇构成、形式多样的文化活动，而且是不同地域人群留下的烙印、不同历史条件下形成的文化习俗，每一座万寿宫都有适应所在地人情风俗习惯的特点。每一座万寿宫，既是属于江西，也是属于所在地的，最终是属于中华民族的。遍布在 21 个省（直辖市、自治区）及国外的万寿宫，共同构成了一幅万寿宫文化的璀璨画卷，是江西人留下来的宝贵财富。

第七章 赣商新貌

GANSHANG
XIN MAO

赣商精神的主要内涵是“厚德实干，义利天下”，它既承载江右商帮的历史，又立足赣商的现实，展望赣商的未来。新中国成立以来，赣商继承并发扬赣商精神，书写赣商的新辉煌。改革开放以来，一大批有胆识、勇创新的企业家茁壮成长，形成了具有鲜明时代特征、民族特色、世界水准的江西企业家队伍。步入新时代，要大力弘扬新时期赣商精神，不断为赣商精神注入时代新内涵，进一步凝聚赣商力量、增进赣商感情、推动赣商发展，为建设富裕美丽幸福江西、谱写新时代中国特色社会主义的江西篇章做出更大贡献。

一、赣商精神

“赣商精神”的主要内涵为“厚德实干，义利天下”。新时期赣商精神与社会主义核心价值观和江西省委提出的“担当实干”相吻合，符合赣商特质，注入了江西元素，立意高远，既承载江右商帮的历史，亦立足赣商的现实，更展望赣商的未来，融历史、现实、未来于一体，反映出赣商的可贵品质、成功法宝、商业伦理和家国情怀。

“厚德”是赣商一脉相承的可贵品质，具体体现在三个方面。一是仁爱。赣商爱国、亲家、仁友。近代诸多赣商以实业报国为理想，为民族工业的发展做出重大贡献。新中国成立之初，一些赣商响应政府号召，主动让自己的企业实行公私合营，既赢得了事业的蓬勃发展，也为新中国经济的恢复与繁荣做出了重要贡献。二是诚信。受传统文化的浸润熏陶，赣商重信、守诺、尚和，遵循“君子爱财，取之有道”、货真价实、童叟无欺等道德规范，讲合同，重信义。三是淳朴。赣商低调、谦和、朴实、勤劳、节俭。

“实干”是赣商迈向成功的聚力法宝。赣商赣才的成功，无一例外都是靠实干取得的，他们以各自成功的实例，生动地诠释了勤劳致富、实干兴邦的道理。赣商眼光前瞻、视角独到，有不甘落后、改变现状的内在动力，不等、不靠、不发牢骚，精于发现商机，敏于捕捉商机，善于引领商机，开拓进取，做大企业，做强产业。赣商以勤劳肯干著称，将瓷、茶、药、木、盐、粮、纸、布等行销天下。现代赣商脚踏实地，逐步将小生意做成大买卖，一些人甚至成为行业领头羊。习近平总书记反复强调，“实干才能梦想成真”。实干是现代赣商走向成功的必然路径。只有实干，才能兴赣、富赣。

“义利”是赣商轻利重义的商业伦理，是衡量赣商知行合一的标尺。赣商坚持以义取利、非义之利不取的价值取向。“君子爱财，取之以道”，赣商以义制利，遵循市场规则，依法经营，诚信守诺，讲究合作，不非法取利、不哄抬物价、不坑蒙拐骗。当义利不可得兼时，赣商以义为重，见义勇为，舍利取义。历代赣商坚持以利兴义，兴办学校，赈灾济民，扶贫帮困，展现了兼济社会的慈善情怀和公益担当。

“天下”体现了赣商博大致远的家国情怀。赣商普遍具有兼济天下的情怀，致力于推动经济社会发展，敢闯、敢拼、敢为天下先。赣商前辈得赣江、抚河、信江、修水、饶河之利，出鄱阳湖、入长江，带着梦想启程，营通四海，不断开辟成就事业、善利天下的新天地。江右商帮遍布大江南北，现代赣商更加奋发有为，将生意做到海内外，鹰潭眼镜、进贤医疗器械、安义铝合金、南康家具等一批地方特色产业占有全国很大市场份额。

“厚德实干”，既传递出赣商真诚可信、德才兼重的品质，更体现出赣商继往开来、务实创新、奋勇前行的精神追求。“义利天下”，激励赣商兼济天下。“厚德实干，义利天下”，不仅是赣商的优秀品质，更是全体赣商的最大公约数；不仅是江西元素的集中反映，更是社会主义核心价值观的生动体现；不仅是对江右商帮精神实质的高度概括、精准提炼，更是在新时代新征程对赣商实现新作为、新贡献的新要求、新期待。弘扬赣商精神，为赣商精神注入时代新内涵，必将造就更为强大的赣商企业家群体，共同在建设富裕美丽幸福江西的征程上奋发努力、奋勇向前。

二、赣商新辉煌

历经数百年的历史积淀，江右商帮铸就了跨越时空的赣商精神。新赣商继承了古代赣商不畏艰难、敢为人先的创业精神，白手起家，从“小买卖到大开张”，将企业不断做大、做强。

1979 年，于果考入赣剧团。80 年代后期下海创业，攒下上百万元资金。其间，于 1988—1990 年就读于南昌职业技术师范学院工艺美术专业。1994 年，与香港文强贸易公司、美国国际管理学院合作，创办了经江西省人民政府、省教委批准的全国第一所中外合作办学的职业学校——江西省高级职业学校，担任校长。1996 年，学生已增至 5200 多名。同年，江西省教委批准成立江西东南进修学院，于果任校长。1997 年经国家教委备案、江西省教委批准，江西东南进修学院成为江西省民办高校中首批国家文凭试点院校。1999 年，学校经国家教委批准成为江西省省属高等职业技术学院，并更名为江西蓝天职业技术学院，成为江西省第一所普通民办高校。2000 年，学校已拥有占地 300 亩的京东校区，校舍面积将近 20 万平方米。2001 年，学校在江西省民办高校中第一个成立党委，并且第一个成立了学术委员会。2003 年，学校紧跟江西省委、省政府在南昌建设两个高校园区的战略部署，抓住机遇建成占地 2000 余亩的昌东新校园。同年 6 月，江西省人民政府致函教育部，同意在蓝天职业技术学院的基础上设置江西蓝天学院。2005 年经国家教育部批准，学校升格为普通本科院校，成为江西第一批升本的民办院校，并正式更名为“江西蓝天学院”。2009 年，学校经江西省人民政府学位委员会批准，成为学士学位授予单位。2012 年，江西蓝天学院经国家教育部批准，正式更名为江西科技学院。

1993 年，徐桂芬从南昌市食品公司下岗后，自筹资金 1.2 万元，靠着一个门店、一口铁锅、一个炉子、一辆三轮车，创办了“煌上煌”品牌。经过 20 多年的艰苦拼搏，“煌上煌”已经发展成为一家以畜禽肉食品加工、家禽屠宰、禽血骨精深加工为主业，产业涵盖农业综合开发、油茶种植加工、房地产开发、金融投资以及餐饮、宾馆等领域的大型民营企业。集团下辖 16 家分公司，共有员工 3000 多人，以及分布在江西、广东、福建、辽宁、河南、安徽、陕西、浙江、上海、北京等省市的 3000 多家连锁专卖店，是农业产业化国家重点龙头企业、全国优秀食品企业、中国绿色食品示范企业、中国肉类食品行业 50 强、中国民营企业500强、江西高新技术企业等。2012年9月，旗下江西煌上煌集团食品股份有限公司成功在深交所挂牌上市，成为酱卤肉制品行业第一股。

张果喜1966年参加工作，先后在余江县邓埠农具修造社学徒、担任木工车间主任。1973年带领21名工人从濒临破产的邓埠农具修造社分离出来，用变卖祖房所得的1400元钱，创办了余江工艺雕刻厂。到20世纪80年代末，企业不仅建立了以上海为轴心，沪宁沿线为依托，辐射京津地区的家具生产销售网络，还将五大类2000多个品种的雕刻工艺品打入东南亚、北美、西欧和香港等几十个国家和地区，被外商誉为“天下雕刻第一家”。1990年成立江西果喜实业集团公司，开始走上“二次创业”的多元化发展道路，先后在深圳、东莞、厦门、上海、海南、内蒙古等地拓展经营领域。1994年，公司从韩国引进六条先进的聚乙烯发泡材料生产线，在东莞、深圳、厦门等市场的中心选点设厂。1999年，公司从美国引进高新科技项目——稀土永磁无刷无槽电机，并使该项目成功地实现了从概念性的无刷无槽技术原理到工业化产品的突破，建立了具有自主知识产权的核心技术体系。历经40多年的发展，张果喜将一个仅有21名工人的木工小作坊发展成为资产庞大、经营多样的综合型企业集团。

新赣商继承了古代赣商义利兼顾的诚信精神，商誉极佳，声名远播。

煌上煌是赣产绿色食品的代表品牌。煌上煌不惜投入巨资，按照绿色农产品种养殖标准流程，对已经建成的所有肉鸭基地实施严格的种养殖技术标准规程，高标准建设绿色食品基地。在肉鸭养殖和鸭肉制品深加工环节，按绿色食品标准的要求，全面实行标准化生产，绿色养殖、绿色加工，铸就了煌上煌的绿色品牌，推动了煌上煌食品安全信用体系建设。2004 年 10 月初，经江西省绿色食品评审组委会严格评审，并报国家绿色食品发展中心终审认定，煌上煌的“皇禽”牌酱鸭、卤鸭翅、卤鸭角、麻酥鸭四个产品荣获了绿色食品标志使用权，是全国酱卤鸭肉制品首个获得绿色食品标志使用权的企业。

温显来创立的江西博能实业集团有限公司 4 次入选“中国民营企业 500 强”，3 次入选“中国民营企业制造业 500 强”连续 10 年被评为“江西省优秀企业”，多次被各级工商部门评为“重合同守信用企业”，多次被省级银行评为“AAA 级信用企业”，多次被各级税务部门评为“特级纳税信誉企业”“诚信纳税单位”和“纳税大户”。公司还先后被评为全国“光彩之星”“全国就业和社会保障先进民营企业”“全国青年文明号”“中国高速成长企业 200 佳”。

王文京是用友网络科技股份有限公司董事长。在他的带领下，用友专注于企业以及公共组织信息化领域创业和发展长达数十年，推动了中国超过 200 万企业信息化进程。根据胡润研究院 2019 年公布的中国百富榜数据显示，王文京以 390 亿元的身价再次登顶江西首富。除了获得了江西首富这个殊荣之外，他还在 2019 年 12 月 9 日获得了中国企业领袖年会中国最具影响力 25 位企业领袖之一，是企业服务领域唯一一位获此殊荣的企业家。

新赣商继承了古代赣商携手共进、抱团发展的互助精神，创办商会，共铸辉煌。

从 1949 年江西全境解放，到 1952 年 10 月江西省工商业联合会筹备处成立之前，江西省当时设有的 1 个省辖市（南昌市），5 个专区辖市（景德镇市、赣州市、上饶市、九江市、吉安市），1 个县辖市（抚州市），通过各界人民或工商业代表会议的组织形式，经过或长或短的筹备阶段，全部成立了全市性工商联组织。

改革开放以后，江西各地市陆续恢复或重建了工商联组织。1994 年江西省工商业联合会增挂“江西省总商会”的牌子后，各市县工商联组织也增挂了“总商会”的牌子，恢复商会功能，着重吸收会员，推动组织发展。

从 2003 年成立江西省首个省级行业商会——江西省工商联家居建材业商会，到 2007 年，江西省工商联直属行业商会已有 8 家，即家居建材业商会、古玩艺术商会、女企业家商会、房地产业商会、房地产经纪商会、微型元件商会（余江县工商联代管）、轴承商会（玉山县工商联代管）、面包商会（资溪县工商联代管）。

江西省家居建材业商会前身为“江西省工商联家居建材业商会”，成立于 2003 年，是江西省工商联领导成立的第一个省级行业商会。2010 年 7 月，经江西省民政厅批准更名为“江西省家居建材业商会”。

江西省工商业联合会女企业家商会由煌上煌集团董事局主席徐桂芬女士和江西恒大高新技术股份有限公司总经理胡恩雪女士等共同发起，是由江西省工商联直接领导的，全省范围内有代表性的女性企业家自发组建的非营利性组织，是全国工商联女企业家商会的团体会员。2007 年 10 月 10 日，江西省工商联女企业家商会在南昌正式成立。

江西省工商联轴承商会与江西省轴承商会于 2005 年同时成立，并与成立于 2000 年 11 月的玉山县轴承工业协会实行三块牌子一套人马，合署办公。2004 年 7 月，江西省工商业联合会（总商会）批复“同意在玉山县成立江西省工商联轴承商会”。2005 年 11 月，江西省民政厅批复同意成立江西省轴承商会，并进行注册登记。

江西省电瓷商会于 2006 年经江西省机械行业管理办公室、江西省民政厅正式批准成立，其前身是 1998 年成立的芦溪县电瓷行业协会。从 2006 年 3 月起正式完成由官方商会向民间商会的转制。2006 年 3 月 1 日，江西省电瓷商会举行成立庆典大会。

截至 2018 年底，江西省工商业联合会（总商会）共有商会组织 3115 个，会员 17.8 万个。其中，异地商会 510 个，外埠省级江西商会 29 个，地市级江西商会 170 余家，园区商会 103 个，乡镇商会 1375 个，街道商会 108 个。

新赣商继承了古代赣商心怀家国的担当精神，热心公益，积极回馈社会。

作为一名民营企业家，郑跃文积极承担企业社会责任，投身社会公益活动，回报家乡，回报社会。他曾先后向自己的母校江西财经大学捐款设立奖学金，捐款捐物帮助江西灾区人民抵御长江流域特大洪水灾害，支援帮助江西灾区抗击冰雪灾害。担任北京江西企业商会会长后，他曾在北京策划举办大型慈善活动，组织带动 23 家江西在外企业商会、各地赣商，向家乡江西洪涝灾区捐款捐物合计价值3549余万元。

江西济民可信集团有限公司董事长兼总裁李义海，曾被评为中国医药行业十大领军人物、中国医药行业十大创新人物，在 2016 胡润百富榜上，蝉联江西首富。他也是江西省慈善总会副会长，曾获“中国优秀民营科技企业家奉献奖”“全国关爱员工优秀民营企业家”“全国抗震救灾先进个人”等荣誉称号。济民可信潜心帮助县域医院提升医药卫生服务能力，热心参与社会治理和公益事业，为希望工程、残疾人公益、江西革命老区新农村建设等提供支持，积极承担社会责任。

徐桂芬热心公益慈善事业，积极承担社会责任。创业以来，所属企业积极为政府解决职工下岗再就业难题，累计提供下岗再就业岗位 1 万多人次。公司通过建立“公司 + 合作社 + 农户”养殖模式，在江西全省范围内培育了 20 多个肉鸭养殖专业合作社，共计带动农户 3 万余户，帮助农民增收超过 3 亿元。公司成为“省劳动力转移培训基地”“省妇女创业示范基地”“全省女职工再就业经验基地”“全省安置帮教基地”“南昌市下岗职工再就业基地”“南昌市青年就业创业见习基地”。20 多年来，她带领公司为抗洪抗震救灾、扶贫修桥修路、资助失学儿童、兴办希望小学等，累计捐款捐物达 3500 多万元，包括兴建万安县煌上煌枫林希望学校、南昌县南新乡新洲希望小学、九江县港口街镇希望中心学校、新建县厚田乡下坊村希望春蕾小学等 4 所希望学校，并于 2013 年成立了“煌上煌”爱心基金会。作为江西省女企业家商会会长，她还积极动员商会成员参加社会慈善公益事业。

2008 年四川汶川发生地震后，她通过多种途径动员商会成员为灾区捐款捐物资达 2000 多万元。

于果热心社会公益事业。从 1994 年起至今，“于果扶贫助残奖优基金”已支出 3500 多万元，资助了 2 万多名学生。他还在万安县、瑞金市等地援建了六所希望小学。2006 年 9 月，他在江西省“希望工程圆梦大学”捐赠仪式上，代表学院捐出 200 多万元。2008 年 2 月，他在江西省委统战部、省工商联举办的江西省光彩扶贫基金会暨资助灾后重建捐赠大会上捐赠了 30 万元，后又捐出 300 万元资助受灾地区学生。

温显来和博能集团勇于为社会承担责任，回报国家与社会。集团公司成立了“博能爱心促进会”，专门负责公益事业和慈善活动工作，使这项工作能在企业内常规化、制度化、法制化地运行。20 多年来，博能集团先后捐资数亿元，帮助灾区人民重建家园、帮助贫困地区人民兴建公路，发展生产；资助农民发展特色种植；设立奖学金，激励莘莘学子刻苦读书，奋发向上；捐资建敬老院。同时，先后接纳安置就业 1600 多人，招聘高校毕业生 500 余人。

这些年来，越来越多的赣商企业家投身于各类公益事业，协助政府做好就业再就业工作，积极投身精准扶贫事业。当江西遭受低温雨雪冰冻灾害、特大洪涝以及汶川发生大地震时，广大赣商怀着一片赤诚，纷纷慷慨解囊、奉献爱心，充分体现了新时期新赣商的社会责任感。在防控新冠肺炎疫情斗争中，广大赣商企业家积极捐款捐物，提供志愿服务，做出了重要贡献。

三、助推江西崛起

融入江西战略布局

江西已经有“鄱阳湖生态经济区”和“支持赣南等原中央苏区振兴发展”两个国家级战略。这些战略对于新赣商来说既是机遇也是挑战。

助推鄱阳湖生态经济区战略。鄱阳湖生态经济区引擎的作用日益显现。江西省在南昌市设立鄱阳湖生态经济先导区，赋予区域内更大的改革发展权和先行先试权。在鄱阳湖生态经济区酝酿期间，许多赣商密切关注着媒体上对该经济区的相关报道，当国务院正式批复经济区规划的消息传出，他们第一时间进行调查研究，打探商机。中央和地方政府给予各种资金与政策扶持，中国工商银行和江西省政府还合资成立了总规模达 150 亿元的鄱阳湖产业投资基金管理公司，营造了良好的投资环境和投资范围，给赣

鄱阳湖候鸟

商们吃下了定心丸。这一返乡投资的浪潮还将持续，大量资本将源源不断地涌入鄱阳湖生态经济区，江西经济跨越式发展前途一片光明，“江右商帮”的再次崛起不再是梦想。

融入苏区振兴战略。2012年6月28日，《国务院关于支持赣南等原中央苏区振兴发展的若干意见》正式出台，这是党中央、国务院关心老区、着眼全局的一项重大战略决策，也是江西省继鄱阳湖生态经济区建设上升为国家战略后实施的又一国家战略，体现了党中央、国务院对赣南等老区发展的高度重视和深切关怀，更是对4500万赣鄱儿女莫大的鞭策和鼓舞。新中国成立后，赣南等原中央苏区经济社会发展取得长足进步和明显成就。但由于战争创伤影响深重、基础设施建设滞后等原因，贫困落后依然是赣南老区的基本情况。原中央苏区东连海西经济开发区，南靠珠三角，北倚环鄱阳湖经济圈，几乎处于“三不沾”地带，长期以来，赣南苏区是国家区域发展优惠政策的边缘地带，意见的出台，正好弥补了这一缺憾。国家层面系统、全面、整体性给予赣南苏区振兴发展的特殊政策，是江西千载难逢的重大历史机遇，在江西发展进程中具有划时代的里程碑意义。

助推昌九一体化战略。昌九工业走廊地区经过三十年左右的发展，已具备较好的发展基础，对外和对内开放程度已达到较高水平。目前已超过 40 家世界 500 强企业落户江西，其中多数在昌九工业走廊区域。沿海地区越来越受土地、电力等制约，而昌九工业走廊有 24 个成熟的工业园区，已经具有一定的产业配套能力，加上土地、电力等资源，这将成为新一轮加快发展的显著优势。目前，24 个工业园区的产业基础各有特色，规模经济和集聚效应已经显现。省政府已经确定将在先行政策、财税政策等多层面对昌九一体化进行政策倾斜。

融入“一带一路”建设举措

新赣商融入“一带一路”是顺应全球化发展趋势。改革开放以来，江西经济有了长足进步，企业界有了大量积累，管理经验日趋与国际接轨，技术水平有了极大提升，产业格局日渐丰富，不能满足于现有的国内市场。伴随着大国的崛起，随之而来的必然是资本的输出，“一带一路”倡议的实施，给赣商及企业带来了空前的机遇。庞大的海外市场空间为赣商在沿线国家发现商机提供了无限的可能。“一带一路”沿线国家经济潜力无穷，人口基数庞大，达 50 亿，经济总量巨大，接近 40 万亿美元。沿线各国经济发展水平不平衡，制造业水平总体落后，基础设施建设严重不足，服务业发展与世界相比仍有较大距离，在沿线各个国家均有巨大商机，可以满足赣商及企业走出去的多元化需要。2016 年，江西省实现对外直接投资 12.4 亿美元，“一带一路”沿线国家达 3.14 亿美元，企业 650 余家。每年中国与“一带一路”沿线国家的贸易额已超过 1 万亿美元，江西在其中的占比是比较不足的，2014 年，江西省在此领域的贸易额仅为 120 亿美元，差距甚大，对赣商及企业而言，挑战与机遇同存。

新赣商融入“一带一路”是走出去的必然选择。作为内陆省份，江西积极参与“一带一路”有利于提升在国际市场的合作竞争力，帮助企业家及企业开拓新兴市场，增强江西省经济发展支撑能力，使新赣商更好融入“一带一路”的资源能源开发。江西在国家“一带一路”倡议中不具备先天优势，既无出海口，也无通商口，内陆腹地战略支撑地位是大战略中江西的定位。因此，赣商及江西企业要科学分析“一带一路”沿线国家与地区市场，精准把握当地需求，变不利因素为有利条件，实现江西企业在走出去战略上的“弯道超车”。“一带一路”为赣商及江西企业转型升级获得了难得的空间机遇。随着省内劳动力成本的不断上升，域内企业在省内的成本竞争优势已丧失殆尽，“一带一路”沿线部分国家劳动力丰富，资源丰富，当地人民对于获得更多的就业机会、提高生活水平的需求日益增长，这一方面符合赣商及江西企业实行产业国际转移的基本条件，另一方面对于赣商及企业集中资金、人员等用于科研投入，进而引导相关产业的转型发展及产业的升级换代，保持在相关行业的领袖地位，意义重大。

“一带一路”倡议的实施，必然产生不同国度、不同文化之间的碰撞，进而引发产业、合作模式的创新，这对于解决刚走出去的赣商及江西企业克服“水土不服”现象、适应当地风俗习惯、学习借鉴海外成功企业（包括本土企业）的成功经验，选择合适的发展路径、技术水平、商业模式的创新，意义重大。企业家应从区位战略、联合战略、技术培育战略、标准化战略、人脉战略等方面关注企业国际化发展战略思路。

“我的企业是做鞋子的，最近有个电影《厉害了，我的国》很火，其中就用 3 分钟时间介绍了我们企业。”华坚国际股份有限公司董事长兼总裁张华荣自豪地说。2011 年 10 月，华坚集团开始对埃塞俄比亚投资，2012 年 1 月，项目正式投产，目前已解决当地 6000 人就业，受到当地社会和媒体的广泛好评，被誉为“一带一路”上的标杆企业，也成为两国经贸合作的典范。张华荣说，积极响应国家号召“走出去”，把中国优势产业与“一带一路”相关国家的需求结合起来，既有利于提高企业全球资源的配置能力，也可以促进当地经济发展。

步入新时代，党和国家千方百计保护市场主体，支持民营企业发展。新时代的赣商大力弘扬“厚德实干，义利天下”的赣商精神和优秀企业家精神，砥砺奋进，铿锵前行，为建设富裕美丽幸福江西做出新的更大的贡献。

后记

江西是个好地方，这片热土，山川秀美，物产丰富，经济发达，人文鼎盛，培育了灿烂辉煌、独具特色的商业文化。

一年前，受著名历史学家、文化名家江西师范大学方志远教授的委托，我参加了“江西文化符号丛书”编委会会议。承蒙方志远教授提携推荐，经编委会认可通过，我独立承担起本书的写作任务。

1998年师从方志远教授攻读中国经济史专业硕士研究生，参与国家社科基金项目“明清湘鄂赣地区的人口流动与城乡商品经济”，这是我思考和研究江西历史文化的开始。博士毕业回校工作后，主要从事中国古代史教学和明清社会经济史研究。此后，参加《江西通史》及《魅力江西：江西省情概览》的撰写，并在江西各地开展实地调查，使我对江西文化的内涵和精神有了更多的认识和感悟。

感谢江西省委宣传部的组织领导，感谢江西人民出版社、江西美术出版社。在这一年的写作过程中，得到了许多专家学者的帮助和支持，特别是参考了方志远、梁洪生、张芳霖、黄志繁、李平亮教授和汪红亮博士的研究成果。由于体例的原因，书中未能一一注明，在此一并致以衷心的感谢。

由于水平有限，加上时间比较仓促，书中难免有疏漏和不妥之处，敬请广大读者批评指正。

谢宏维

2021年1月

图书在版编目（CIP）数据

商业文化 / 谢宏维著 . -- 南昌 : 江西人民出版社 :
江西美术出版社 , 2021.4
（江西文化符号丛书）
ISBN 978-7-210-12794-9

Ⅰ . ①商… Ⅱ . ①谢… Ⅲ . ①商业文化－江西 Ⅳ .
① F729

中国版本图书馆 CIP 数据核字 (2020) 第 270992 号

出品人　张德意
编辑统筹　陈世象　方　姝
责任编辑　万莲花　张福康
责任印制　潘　璐
书籍设计　梅家强　韩　超 
图书诵读　冯　雷

江西文化符号丛书
商 | 业 | 文 | 化
JIANGXI WENHUA FUHAO CONGSHU
SHANGYE WENHUA

著　者：谢宏维
出　版：江西人民出版社　江西美术出版社
地　址：南昌市三经路 47 号附 1 号
邮　编：330006
电　话：0791-86898825
网　址：www.jxpph.com
经　销：全国新华书店
印　刷：浙江海虹彩色印务有限公司
版　次：2021 年 4 月第 1 版
印　次：2021 年 4 月第 1 次印刷
开　本：710mm×1000mm　1 / 16
印　张：13.25
ISBN 978-7-210-12794-9
定　价：60.00 元